Coll° Pedri et Pauli visita 5797

T 20
⊥ 11
  A

DESCRIPTION
DES PRINCIPAUX LIEUX
DE FRANCE.

DESCRIPTION
DES PRINCIPAUX LIEUX
DE FRANCE,

CONTENANT des détails descriptifs & historiques sur les Provinces, Villes, Bourgs, Monastères, Châteaux, &c. du royaume, remarquables par quelques curiosités de la Nature ou des Arts; par des événemens intéressans & singuliers, &c.; ainsi que des détails sur le commerce, la population, les usages, & le caractère de chaque peuple de France; semée d'observations critiques, &c.

ACCOMPAGNÉE DE CARTES.

Par J. A. DULAURE.

PREMIÈRE PARTIE.

Prix, 2 liv. 10 sous br., 3 liv. rel.

A PARIS.

Chez LEJAY, Libraire, rue Neuve des Petits Champs, près celle de Richelieu.

M. DCC. LXXXIX.

Avec Approbation & Privilège du Roi.

AVERTISSEMENT.

CET Ouvrage contiendra dix ou tout au plus douze Volumes; le prix des quatre premiers est de 10 livres brochés & 12 livres reliés. Cet ouvrage étant désiré en province, & un grand nombre d'exemplaires étant déjà retenu par des Libraires de différentes villes, on s'est déterminé à ne vendre à Paris aucun volume, à moins que l'Acheteur ne s'obligeât à prendre l'ouvrage entier. Ce n'est point de l'argent d'avance qu'on demande, mais une simple soumission d'acheter les Volumes qui succéderont, au prix des premiers, afin que les exemplaires ne restent point incomplets.

Les tomes V & VI sont sous presse, & paroîtront incessamment.

Ceux qui acheteront l'Ouvrage après la dernière livraison, doivent s'attendre à le payer à raison de 3 livres chaque Volume broché, & 3 livres 10 sous chaque Volume relié.

On trouve chez le même Libraire, la *Description des Curiosités de Paris*, avec le Plan, 2 volumes même format ; prix, broché, 3 liv. 12 f. & reliés 4 liv. 16 f.

Description des Environs de Paris, avec une Carte, 2 vol., prix, broché, 3 liv. 12 f. & reliés, 4 liv. 16 f.

Singularités Historiques, pour servir de suite aux Descriptions de Paris & de ses Environs, 1 vol., prix, broché, 1 liv. 16 f. & relié 2 liv. 8 f.

On y trouve encore des Plans de Paris, & la Carte des Environs, collés sur toile, & ployés dans des étuis, ainsi que toutes les Nouveautés Littéraires.

APPROBATION.

J'ai lu par ordre de Monseigneur le Garde des Sceaux, un Ouvrage intitulé : *Nouvelle Description des principaux lieux de France.* Cet Ouvrage n'est point une compilation, comme il en a paru déjà beaucoup sur cette matière ; l'Auteur s'est attaché sur-tout à éviter les erreurs dans lesquelles ses Prédécesseurs sont tombés ; son Ouvrage renferme des recherches très-curieuses, des vues utiles, & des observations pleines de finesse & d'esprit ; je n'y ai rien vu qui m'ait paru devoir en empêcher l'impression. Fait à Paris, ce 4 juin 1789.

DE SAUVIGNY.

PRIVILEGE DU ROI.

LOUIS, par la grace de Dieu, Roi de France & de Navarre : A nos amés & féaux Conseillers, les Gens tenans nos Cours de Parlement, Maîtres des Requêtes ordinaires de notre Hôtel, Grand-Conseil, Prévôt de Paris, Baillis, Sénéchaux, leurs Lieutenans Civils, & autres nos Justiciers qu'il appartiendra : SALUT. Notre amé le sieur LEJAY, Libraire à Paris, Nous a fait exposer qu'il désireroit faire imprimer & donner au Public, une Nouvelle *Description des principaux lieux de France, contenant les détails historiques & descriptifs des Villes, Bourgs, Châteaux, &c.*, par M. Jacques-Antoine Dulaure, s'il nous plaisoit lui accorder nos Lettres de Privilège pour ce nécessaires. A CES CAUSES, voulant favorablement traiter l'Exposant, Nous lui avons permis & permettons par ces Présentes, de faire imprimer ledit Ouvrage autant de fois que bon lui semblera, & de le vendre, faire vendre, & débiter par tout notre Royaume pendant le temps de dix années consécutives, à compter de la date des Présentes, & encore pendant la vie dudit sieur Dulaure, si celui-ci survit à l'expiration du présent Privilége, conformément à l'article IV de l'Arrêt du Conseil du 30 Août 1777, portant Réglement sur la durée des Priviléges en Librairie. Faisons défenses à tous Imprimeurs, Libraires, & autres personnes, de quelque qualité & condition qu'elles soient, d'en introduire d'impression étrangère dans aucun lieu de notre obéissance; comme aussi d'imprimer ou faire imprimer, vendre, faire vendre, débiter ni contrefaire ledit Ouvrage, sous quelque prétexte que ce puisse être, sans la permission expresse & par écrit dudit Exposant, ses hoirs ou ayans cause, à peine de saisie & de confiscation des exemplaires contrefaits, de six mille livres d'amende, qui ne pourra être modérée, pour la premiere fois, de pareille amende & de déchéance d'état en cas de récidive, & de tous dépens, dommages & intérêts, conformément à l'Arrêt du Conseil du 30 Août 1777, concernant les contrefaçons. A la charge que ces Présentes seront enregistrées tout au long sur le Registre de la Communauté des Imprimeurs & Libraires de Paris, dans trois mois de la date d'icelles; que l'impression dudit Ouvrage sera faite dans notre Royaume, & non ailleurs, en beau papier & beau caractère, conformément aux Réglemens de la Librairie, à peine de déchéance du présent Privilège; qu'avant de l'exposer en vente, le Manuscrit qui aura servi de copie à l'impression dudit Ouvrage, sera remis dans le même état où l'Approbation y aura été donnée, ès mains de notre très-cher & féal Chevalier, Garde des Sceaux de France, le sieur DE LAMOIGNON, Commandeur de nos Ordres; qu'il en sera ensuite remis deux exemplaires dans notre Bibliotheque publique, un dans celle de notre Château du Louvre, & un dans celle de notre très-cher & féal Chevalier, Chancelier de France, le sieur DE MAUPEOU, & un dans celle dudit sieur DE LAMOIGNON; le tout à peine de nullité des Présentes; du contenu desquelles vous mandons & enjoignons de faire jouir ledit Exposant & ses ayans cause, pleinement & paisiblement, sans souffrir qu'il leur soit fait aucun trouble ou empêchement. Voulons que la copie des présentes, qui sera imprimée tout au long, au commencement ou à la fin dudit Ouvrage, soit tenue pour dûment signifiée, & qu'aux copies collationnées par l'un de nos amés & féaux Conseillers-Secrétaires, foi soit ajoutée comme à l'Original. Commandons au premier notre Huissier ou Sergent sur ce requis, de faire, pour l'exécution d'icelles, tous actes requis & nécessaires, sans demander autre permission, & nonobstant clameur de Haro, Charte Normande, & Lettres à ce contraires: CAR tel est notre plaisir. DONNÉ à Versailles le quinzieme jour du mois de novembre, l'an de grace mil sept cent quatre-vingt-sept, & de notre règne le quatorzieme. Par le Roi, en son Conseil.

Signé LE BEGUE.

Regiſtré ſur le Regiſtre **XXIII** *de la Chambre Royale & Syndicale des Libraires & Imprimeurs de Paris*, N°. 652, *fol.* 398, *conformément aux diſpoſitions énoncées dans le préſent Privilége, & à la charge de remettre à ladite Chambre les neuf exemplaires preſcrits par l'Arrêt du Conſeil du 16 Avril 1785. A Paris*, ce 23 novembre 1787.

NYON l'aîné, Adjoint.

PRÉFACE.

UNE Description de tout ce que la France contient de curieux pour l'Artiste, le Savant ou l'Amateur; qui seroit animée par le récit des événemens les plus remarquables dont chaque lieu a été le théâtre, par le tableau des usages, des mœurs & du caractère de chaque peuple du royaume; qui seroit semée de traits piquans, & d'observations critiqués sur les Arts, sur l'Histoire, &c.; qui joindroit à l'avantage d'être portative, celui de convenir, par la modicité de son prix, au plus grand nombre des Lecteurs; formeroit un Ouvrage utile à la nation ainsi qu'aux Etrangers (1).

---

(1) On sait combien il est important pour un Etat d'y attirer les Etrangers, & l'on ne peut y

PRÉFACE.

Encouragé par le succès de ma Description de Paris, & de celle des Environs de cette capitale; après parvenir qu'en excitant leur curiosité, & en indiquant ou décrivant les objets qui peuvent les intéresser. Une des principales sources de la richesse de l'Italie, consiste dans l'affluence des curieux qui viennent y admirer les monumens antiques & modernes. La France est, à la vérité, moins riche que l'Italie en productions des Beaux-Arts; mais elle a ses beautés particulières: elle possède, sur-tout dans les provinces méridionales, des antiquités qui, par leur élégance & leur conservation, ne le cèdent point à ce que l'Europe contient de plus précieux en ce genre; elle est encore remarquable par ses curiosités naturelles, par ses magnifiques monumens du moyen âge, par la beauté de ses villes & de leurs édifices modernes, par une infinité de chef-d'œuvres des Beaux-Arts, de collections précieuses, &c.; enfin l'on peut dire qu'après l'Italie, la France est le pays de l'Europe le plus agréable & le plus intéressant à parcourir.

PRÉFACE. vij

avoir rassemblé pendant plusieurs années, des notes, des mémoires, sur tous les lieux de la France; après m'être entouré de tous les Livres relatifs à cet objet; après avoir fait des voyages dans les provinces les moins connues, j'ai osé entreprendre cet Ouvrage; si je n'ai pas entièrement rempli ma tâche, au moins, je puis le dire, je m'y suis livré avec tout le zèle qu'inspire un travail que l'on chérit.

Depuis long temps il manquoit une Description de la France. Piganiol est le dernier Auteur qui ait, en ce genre, publié un Ouvrage qui soit le sien: ses successeurs dans cette carrière l'ont copié, & n'ont presque rien dit de nouveau.

Dans le Dictionnaire de la France, en six volumes *in-folio*, par M. l'Abbé d'*Expilly*, on trouve les quinze volumes *in*-12 de *Piganiol*, fidèlement copiés (1). On y trouve aussi la *notice de l'ancienne Gaule*, par M. d'*Anville*, & un très-grand nombre de mémoires relatifs au dénombrement de chaque province; il paroît même que cette partie utile de l'administration étoit le principal objet du travail de M. l'Abbé d'Expilly.

Quoique ce Dictionnaire contienne en outre quelques mémoires nouveaux sur un petit nombre de villes, il est de beaucoup inférieur à la description de Piganiol, parce qu'il n'est pas complet, & que depuis dix-huit ans que le sixième volume a été publié, on a vainement attendu le septième,

---

(1) Quand Piganiol dit, *j'ai vu*, M. l'Abbé d'Expilly répète, *j'ai vu*; peut-être que, suivant les us & coutumes de la Librairie, de tels plagiats sont tolérés dans les Dictionnaires in-folio.

PRÉFACE.

dont on ne paroît pas s'occuper encore. D'ailleurs, par une singularité qui, je crois, n'a point d'exemples, aucun des noms de villes ou d'autres lieux, précédés par le mot *Saint*, ne se trouve dans ce Dictionnaire *in-folio*, ni à la lettre S comprise dans le sixième volume, ni à la première lettre du nom qui suit le mot *Saint*; cependant le nombre des lieux qui portent un nom de Saint, est fort considérable en France.

Au Dictionnaire de la France, en six volumes *in-folio* de M. l'Abbé d'Expilly, a succédé un Dictionnaire de la France, en six volumes *in-8.* de M. *Robert de Hesseln*; mais c'est toujours Piganiol sous une nouvelle enveloppe ; & le mérite de ce Livre ne consiste à peu près que dans la réduction de gros volumes en plus petits (1).

---

(1) J'aurois pu me dispenser de parler de ce

PRÉFACE.

Je dois parler auſſi du *Voyage Pitto-*

Dictionnaire peu connu; mais il a fait naître, il y a quelques années, une réclamation ſingulière, fondée ſeulement ſur une inexactitude qu'il eſt bon de faire connoître. A l'article d'Arles, M. *Robert de Heſſeln* a fait mention, d'après *Piganiol* & d'après M. l'Abbé d'*Expilly*, d'une Académie royale de Belles-Lettres, fondée dans cette ville par Louis XIV, & compoſée ſeulement de Gentilshommes; mais l'article ayant ſemblé trop long à M. *Robert*, il n'en a rapporté que le commencement; de ſorte qu'il annonce cette Académie comme exiſtante, & n'avertit pas qu'elle fut détruite quelque temps après ſon établiſſement, comme le diſent enſuite Piganiol & l'Abbé d'Expilly. L'Auteur des Lettres ſur la Provence, trompé par le Dictionnaire de M. Robert, s'eſt récrié contre cette Académie de Gentilshommes, comme ſi elle exiſtoit encore. En 1784, le Journal de Paris & le Rédacteur du nouveau ſupplément de la France Littéraire, ont reproduit cette réclamation, & perſonne n'a penſé qu'elle étoit un effet de l'application de M. Robert de Heſſeln à extraire le Dictionnaire de M. l'Abbé d'Expilly.

PRÉFACE. xj

resque de la France, commencé depuis plusieurs années, enrichi de gravures qui représentent des vues & des dessins de monumens ; il comprendra un grand nombre de volumes *in-folio*, & deviendra une collection précieuse. Mais cet Ouvrage, par le luxe des gravures, par le prix des nombreux volumes, ne convient qu'à des personnes opulentes. Il est encore dépourvu d'un avantage important pour les Voyageurs ; celui d'être portatif. D'ailleurs il ne comprend encore que trois ou quatre provinces, & plusieurs années s'écouleront avant qu'il soit complet.

Ainsi, on peut dire qu'il n'y a point eu de Description de la France, nouvelle & complette, depuis celle de Piganiol, dont la dernière édition fut publiée en 1751. Cependant jusqu'à nos jours combien de changemens sont arrivés ? Combien de découvertes ont

PRÉFACE.

été faites, & combien il est à présent sur cette matière de choses nouvelles à dire!

Un très-grand nombre d'Histoires particulières de provinces & de villes ont été publiées, des faits peu connus éclaircis, des événemens nouveaux ou singuliers, tirés de l'obscurité des bibliothèques ou des archives. Des vérités autrefois trop récentes peuvent être aujourd'hui dévoilées sans danger. Depuis trente ans presque toutes les provinces ou villes de France ont eu leurs Historiens. Si tous ceux qui se sont montrés dans cette carrière, n'y ont point apporté les talens qu'elle exige, ils ont du moins, par leurs recherches, accru la masse des vérités historiques; & dans ce genre les plus mauvais Ouvrages peuvent être lus même avec fruit.

PRÉFACE.

Les Arts, depuis la même époque, ont puissamment étendu leur empire en France. Des canaux se sont ouverts, & ont fait plus librement circuler l'abondance; des ports ont été rétablis & améliorés; des routes pratiquées avec des travaux immenses, dans des lieux qui sembloient inaccessibles aux humains; des ponts, des édifices publics, construits dans presque toutes les villes du royaume; des fossés fangeux & mal-sains, tristes témoignages de nos anciens malheurs, ont été comblés, plantés d'arbres, & convertis en de riantes promenades; de vastes & anciens châteaux qui dominoient les cités & les campagnes voisines, n'offrent plus leurs ruines orgueilleuses, & ces asiles de l'oppression sont devenus pour les citoyens des rendez-vous agréables & des lieux de délassement.

On a vu l'architecture civile multiplier également ses travaux. Des temples, des hôpitaux, des manufactures, des casernes, des théâtres, des places publiques ont contribué à l'utilité & à la décoration de la plupart des villes du royaume.

Les Arts d'imitation, la Peinture & la Sculpture ont répandu leurs chef-d'œuvres. Le Ministre à qui le Roi a confié le droit de protéger & de faire fleurir les Arts utiles & agréables, a, par son activité, son goût sûr, donné un nouveau lustre à cette partie brillante de l'administration. Les provinces ont senti l'influence de cette protection soutenue. Le goût, long-temps dégradé sous le dernier règne, s'est épuré ; le beau simple, les formes antiques ont succédé à des formes bizarres, à une nature factice & outrée, qui ne peut séduire que des yeux vulgaires.

PRÉFACE.

Dans le même temps que les Beaux Arts commençoient à se rétablir des atteintes de la barbarie, l'Histoire Naturelle éprouvoit une révolution plus étonnante encore. Cette science, par sa nouveauté, par ses conséquences lumineuses, & par le charme que sut y répandre l'illustre & éloquent Naturaliste que la France vient de perdre, fixa tous les esprits: sublime dans ses résultats, agréable dans ses détails, elle enflamma tout à coup le zèle de plusieurs Observateurs qui ont avec zèle fouillé, parcouru ou décrit les terrains les plus arides, les monts les plus inaccessibles, les précipices les plus affreux.

Des feux souterrains avoient, dans des temps reculés, dévoré une partie de la France, & laissé des traces profondes & multipliées de leur fureur. Les soupiraux qu'ils s'étoient formés, par lesquels s'élançoient des tourbillons de cendres & de flammes, & découloient des torrens de matière embrasée, offrent encore leurs bouches noircies & calcinées. Ces flots de laves brûlantes qui ont comblé des vallons, couvert & stérilisé des terrains immenses, conservent encore les signes les plus caractéristiques de leur ancienne fluidité. Des témoignages si nombreux, si évidens, d'un des plus étonnans phénomènes de notre globe, étoient depuis plusieurs milliers d'années restés inconnus, & ce ne fut qu'en 1751, qu'on apprit pour la première fois qu'une grande partie de la France avoit anciennement été brûlée & bouleversée par l'explosion des feux volcaniques (1).

---

(1) Cette découverte fut faite en Auvergne par MM. Guetard & de Malesherbes, qui,

Ces

PRÉFACE.

Ces découvertes en histoire naturelle ont rendu intéressans & célèbres, des pays qui, depuis bien des siècles, étoient condamnés à l'oubli, & semblent avoir répandu sur le sol du royaume une infinité de curiosités & de richesses minéralogiques.

Tant de changemens opérés dans l'espace de trente à quarante années, depuis la dernière édition de la Description de Piganiol; tant de vérités historiques mises en lumière; tant de nouvelles productions des Arts utiles & agréables, de travaux exécutés, de découvertes faites dans les Sciences, &c., qui ont en quelque sorte renouvellé la surface de la France, rendoient les anciennes Descriptions de ce Royaume

---

qui, en revenant du Vésuve, s'arrêtèrent dans les environs de Clermont, afin d'y herboriser; nous en parlons à l'article de cette ville.

moins utiles, & une nouvelle plus nécessaire.

En ne laissant rien à dire sur la France, en rapportant tout ce qui a été discuté, raconté ou décrit, on formeroit une bibliothèque d'*in-folio*; ce n'est pas là mon projet, & ce n'est pas non plus ce qui convient aux Voyageurs & à la plus grande partie des Lecteurs; il leur faut un Ouvrage qui les dirige en piquant leur curiosité; qui les éclaire, sans les fatiguer par des détails chronologiques, par d'arides dénombremens & par des discussions qui ne sont utiles que lorsqu'il s'agit d'établir des vérités nouvelles, mais qui seroient déplacées dans cet Ouvrage où il faut se borner à les indiquer (1).

---

(1) Je ne me suis cependant pas abstenu de discuter, lorsque j'ai cru nécessaire d'établir quel-

PRÉFACE.

En conséquence, je n'ai pas tout dit; mais j'ai fait mention de tout ce qui est curieux, piquant ou singulier: Je n'ai pas non plus tout décrit; mais, comme l'annonce le titre indéterminé de cet Ouvrage, je n'ai parlé que des *principaux lieux*. Ce titre ne doit pas s'entendre des principales villes, mais des villes, bourgs, villages, châteaux, &c., dont l'Histoire, les usages, les productions des Arts, la nature du sol, peuvent intéresser les Lecteurs & les Voyageurs tant étrangers que régnicoles; ainsi, un village, un château, un monument isolé, ont souvent mérité la préférence sur une ville. On sait qu'il en est en France, même des villes épiscopales, si multipliées dans

---

ques vérités, ou de combattre quelques erreurs; mais ces discussions sont courtes, & presque toujours renvoyées en note.

les provinces du midi, qui, depuis leur origine, n'ont joué aucun rôle diftingué, qui font auffi ftériles en événemens qu'en monumens curieux, & dont l'Hiftoire n'offre qu'un fimple dénombrement de dates & de noms propres (1).

Les villes fur lefquelles l'Hiftoire garde le filence, ne doivent pas envier aux autres une célébrité qui n'eft due le plus fouvent qu'à une longue fuite de malheurs.

Malgré ces difpofitions, je n'ai point banni tout ordre de géographie, & j'ai confervé de cette fcience ce qui étoit

---

(1) La plupart des petites villes épifcopales des provinces du midi de la France, n'étoient, lors de leur érection, que des villages ou des monaftères. Ce fut le Pape *Jean XXII*, natif de Cahors, qui érigea, au commencement du quatorzième fiècle, & prefque dans le même temps, ce grand nombre d'évêchés,

PRÉFACE.

nécessaire à mon plan. Au commencement de la description de chaque province, j'en présente un tableau général, qui contient des détails sur la position respective des pays, sur le sol, les productions, le climat, le cours des rivières, le commerce, &c.; j'y joins l'évaluation de la surface de la province en lieues carrées; j'offre les masses principales de son Histoire, le tableau de sa population, de ses impositions, du caractère & des mœurs des habitans; enfin, outre cette idée générale de la province, je place une carte géographique à la tête de chaque volume, où l'on verra les principales routes, les rivières & les montagnes, tous les lieux dont j'ai parlé dans l'Ouvrage, ainsi que plusieurs autres un peu distingués, dont je n'ai pas cru devoir faire mention.

Au commencement de la description de chaque lieu, je parle de ses *prérogatives*, de sa *position*, de sa *distance des villes voisines*, de son *origine* & de son *histoire* ; ces derniers articles sont ordinairement très-courts, & ne sont employés, que lorsqu'ils m'ont offert des notions certaines ou intéressantes.

Je donne ensuite la *description*, qui comprend l'ensemble du lieu, l'époque des fondations, des détails descriptifs sur des monumens antiques, du moyen âge, ou modernes, sur les promenades & les places publiques, sur les statues, tableaux, inscriptions, sur l'Histoire Naturelle des environs ; enfin sur toutes les curiosités anciennes & modernes des Arts & de la Nature.

Cette *description* est accompagnée du récit des événemens particuliers ou *anecdotes* auxquelles chaque monument

PRÉFACE.

religieux ou civil a donné lieu ; la plupart même de ces monumens ne jouissent d'une certaine célébrité, que parce qu'ils ont été la cause, ou qu'ils sont encore aujourd'hui le témoignage de quelques événemens.

Ces traits, souvent peu connus, parce qu'il est difficile de les classer dans une Histoire générale, conservés par tradition, ou dans des Ouvrages étrangers à l'Histoire des lieux, rapprochés ici, & mis à leur place, recevront un nouveau degré d'intérêt, & en donneront à plusieurs objets qui d'abord n'en paroissoient pas susceptibles.

Je ne me suis pas borné dans cet article à décrire & à raconter ; je me suis permis des réflexions & des observations critiques sur quelques productions des Arts ; j'ai cru voir qu'il existe des provinces entières où le bon goût n'a pas encore pénétré, où la barbarie règne presque aussi despotiquement qu'au dixième siècle. En divers endroits de mon Ouvrage, j'ai osé combattre la routine honteuse qui dirige certains Artistes provinciaux; j'ai dit avec franchise ce que je crois être des vérités, & j'ai établi de même ce que je crois être les principes du bon goût (1).

Outre les anecdotes & les événemens particuliers relatifs à un monument, à un édifice, j'ai, à la fin de chaque ville un peu considérable, placé les *événemens remarquables* dont elle a été le théâtre, & qui la concernent plus généralement. Cette partie, à la fois curieuse & instructive, offrira ce que plusieurs Mémoires ori-

---

(1) Ceux qui voudront avoir une idée de mes principes en architecture, peuvent lire à l'article de *Montpellier*, Partie II de cet Ouvrage, page 177, une note un peu longue, où je fais, à cet égard, ma profession de foi.

PRÉFACE.

ginaux & peu connus, ce que diverses Histoires *in-folio*, consultées quelquefois, mais rarement lues, contiennent de plus piquant & de plus singulier.

Souvent, au récit de ces événemens, j'ai réuni des détails relatifs, & fait des rapprochemens qui peuvent en augmenter l'intérêt : en les racontant, j'ai tâché d'être exact & impartial, sans néanmoins bannir l'agrément qu'il m'a été possible & permis d'y répandre.

Ce n'est pas toujours des combats & des sièges que j'ai choisis ; mais des traits particuliers qui peignent les mœurs, les caractères, & les opinions. Ces traits semés dans mon Ouvrage, forment les élémens d'un tableau sur les anciennes mœurs, & concourent à prouver que l'estime religieuse que nous avons pour les hommes du temps passé, n'est fondée que sur un vieux préjugé constamment démenti par la vérité de l'Histoire, & que les vertus, & sur-tout le bonheur dont nous gratifions sans cesse nos aïeux, n'ont presque jamais existé que dans notre imagination, qui nous porte naturellement à vanter le passé aux dépens du présent (1).

Il falloit parler des *hommes célèbres*, mais non pas de tous ceux dont chaque ville prétend s'illustrer ; cet article, qui n'est qu'accessoire à mon Ouvrage, seroit devenu très-long; c'est aux Historiens particuliers des villes, c'est aux Biographes qu'appartient ce travail.

Le lieu de la naissance d'un homme

---

(1) Je voudrois bien demander à nos déclamateurs en vers ou en prose, qui, avec tant de lamentations, regrettent le *bon vieux temps* & les mœurs de *nos bons aïeux*, à quelle époque de la monarchie & sous quel règne étoit ce bon vieux temps & vivoient ces bons aïeux ?

illuftre, ou celui de fa fépulture, m'ont fourni l'occafion de rapporter quelques traits de fes actions ou de fon caractère. Les grands Hommes ont la prérogative d'imprimer aux objets qui rappellent leur mémoire, une partie de la vénération & de la célébrité qu'ils fe font acquifes; on veut voir, toucher quelque chofe de matériel d'un être qui n'exifte plus que dans notre efprit; il femble qu'alors on fe rapproche de lui, qu'on fe familiarife avec fa gloire.

L'ame, dans cet inftant, éprouve une émotion forte & agréable, fuivant les vertus ou les talens qui ont illuftré celui dont le fouvenir nous occupe; ainfi le château de *Pau* rappelle le meilleur des Rois; celui de *Montaigne*, un Philofophe qui penfa affez fortement pour s'élever au deffus de fon fiècle; le tombeau d'*Abailard*, un Savant persécuté, un amant malheureux, & celui de *Fénelon*, l'assemblage consolant d'un génie sublime, des vertus les plus douces, & de l'ame la plus aimante.

Des causes particulières m'ont encore déterminé souvent à faire mention de quelques hommes moins connus, mais dont l'histoire est inséparable de celle d'un pays. Un Fondateur, un Evêque, un Seigneur, le héros d'un événement remarquable, ou quelques personnages distingués m'ont fourni, sur leurs vices, leurs vertus, leurs actions, leurs opinions, des anecdotes singulières ou ignorées. Un monument imposant attire les regards; l'œil est bientôt satisfait, mais l'esprit ne l'est pas. On veut connoître l'homme, quoique peu célèbre, pour lequel il fut érigé; les traits de sa vie, de son caractère, deviennent alors plus cu-

PRÉFACE.

rieux ; il étoit donc à propos de les faire connoître, & ces traits, souvent piquans, répandent de la variété, & égayent les descriptions, toujours un peu monotones.

C'est sur-tout à décrire les capitales des provinces que je me suis appliqué ; on y verra sur les mœurs, sur les usages, sur les curiosités des Arts & de la Nature, des détails qui ne se trouvent dans aucuns livres, & encore moins dans les anciennes descriptions. Ces articles, toujours beaucoup plus longs que ceux des autres villes, n'en sont, je crois, que plus curieux. La multitude des événemens qui s'y sont passés, laissoit la liberté d'en faire un choix, & de n'admettre que ceux qui pourroient le plus vivement intéresser les Lecteurs.

Quoique j'aye, à l'article du tableau général de chaque province, parlé du caractère & des mœurs de ses habitans, j'ai cru devoir, à la fin de chaque ville capitale, donner une esquisse du caractère général des citoyens.

Dans les villes capitales le caractère des habitans diffère toujours, par quelques nuances, du caractère général de la province, & cette différence est plus ou moins considérable, suivant le plus ou moins de relation que leurs citoyens ont avec les étrangers ou avec la capitale du royaume. L'influence de Paris sur les villes de provinces, qui tend à soumettre leurs différens habitans à une même manière de penser & de se vêtir, & par conséquent à affoiblir le caractère originel de chaque pays, est bien sensible, sur-tout depuis que les communications sont plus commodes & plus fréquentes (1).

---

(1) La plus puissante des causes, qui, depuis

PRÉFACE.

Presque toutes les villes principales

environ soixante ans, ont contribué à propager le luxe & les ridicules du siècle dans l'intérieur des provinces, est la multitude, ainsi que la sûreté des grandes routes, & la facilité de toute espèce de communication de tous les lieux de France à la capitale. Dans plusieurs villes, on trouvoit à peine autrefois trois ou quatre citoyens qui connussent Paris. Il falloit de grands intérêts pour déterminer alors les habitans des villes éloignées, à faire un voyage à la capitale du Royaume. Les routes étoient difficiles, mal gardées & infestées de brigands. Tel particulier, avant son départ, désespérant de son retour, faisoit son testament. Aujourd'hui, sans aucune affaire, on voit affluer, de toutes les parties du royaume, une infinité de jeunes provinciaux, qui, enflammés par les récits toujours exagérés des jouissances de la capitale, déterminés sur-tout par l'espoir d'une certaine considération dont jouissent, parmi leurs concitoyens, ceux qui arrivent de Paris, s'empressent d'aboutir à ce centre commun dans lequel plus on abonde, plus on se corrompt; ainsi, plusieurs personnes rassemblées long-temps dans un même ont de plus quelques causes particulières qui contribuent beaucoup à altérer, dans leurs habitans, le caractère général de la province ; ces causes sont celles qui rendent les cités riches & florissantes ; chacune d'elles agit puissamment sur les différens lieux où elle domine : ainsi, dans toutes les villes de guerre les habitans ont le même caractère : la politesse, la galanterie, le ton général, même le costume, tout se ressent de l'esprit militaire. Dans

---

lieu s'empoisonnent réciproquement de leurs exhalaisons. La plupart n'ayant recueilli dans la capitale que ce qui a pu séduire leur avide inexpérience, rapportent & font germer dans leur pays, des ridicules & des vices qui peut-être n'y étoient pas connus. Ce que les progrès de la raison édifient d'un côté, cette dangereuse circulation tend à le détruire de l'autre. C'est ainsi que dans une constitution déjà viciée, un établissement utile, qui produit une infinité de biens, devient aussi la source de beaucoup de maux.

les

les villes maritimes & commerçantes on trouve une franchise brusque, un mélange d'avidité & de dissipation ; du luxe, de la débauche, & beaucoup d'activité; dans les villes qui ne sont considérables que par des Universités, beaucoup de galanterie & de pédantisme; dans celles où la Magistrature domine, un ton révérentieux, une exacte observation des rangs & des étiquettes, beaucoup de roideur & de morgue; & dans celles qui ne fleurissent que par leurs manufactures, on reconnoît l'avidité, mais la bonne-foi des riches & la grossièreté du peuple.

Les habitans de la même province n'ont pas toujours le même caractère, & cette différence dépend du sol. Ceux qui habitent les bords de la mer, des pays arides & marécageux; qui vivent du produit de la pêche, n'ont ni les mœurs ni le coſtume du cultivateur qui vit plus heureuſement dant l'intérieur des terres. Les habitans des montagnes diffèrent auſſi, par leur manière de vivre, de ſe vêtir, & ſouvent de parler, de ceux qui, dans la même province, habitent des vignobles & des plaines fertiles en blés & en fruits; mais cette influence du ſol n'agit puiſſamment que ſur les mœurs des perſonnes du peuple; en général, quelle que ſoit la contrée qu'il habite, l'homme ſe dépouille du caractère local, à meſure qu'il devient inſtruit ou raiſonnable.

En peignant le caractère de chaque peuple du royaume, j'ai ſouvent préſenté, avec les correctifs convenables, les principaux traits des mêmes caractères qui depuis long-temps avoient été tracés; ces traits, vieillis, même outrés aujourd'hui, ont l'avantage d'offrir

PRÉFACE.

l'ancienne physionomie, d'être franchement prononcés, & de conserver encore beaucoup de ressemblance.

Ainsi, j'ai tâché de réunir dans les diverses parties de cet Ouvrage, l'agrément & l'instruction; j'ai voulu aussi le rendre commode aux Voyageurs, en disposant la matière de telle sorte qu'ils pussent se charger, même étant à pied, de trois ou quatre volumes, suivant la partie du royaume qu'ils entreprendront de parcourir.

Dix, ou tout au plus douze volumes, petit *in*-12, compléteront cette Description, & renfermeront au moins le double de ce qui est contenu dans les quinze volumes, grand *in*-12, de la Description de Piganiol.

Voilà ce que j'ai cru devoir exposer pour donner aux Lecteurs une idée de cet Ouvrage. Je ne prétends pas qu'il soit sans défauts. La diversité des faits, des dates, des noms propres, la multiplicité des livres que j'ai consultés, des mémoires, des notes que j'ai employés, le mettent au rang des Ouvrages susceptibles d'erreurs; mais j'aurai rempli mon but, si, en rassemblant tant de matériaux, & joignant mes travaux à ceux des Ecrivains qui m'ont précédé dans cette carrière, je puis avoir sur eux l'avantage de répandre, dans cette Description, moins d'inexactitudes, & plus d'intérêt & de vérité.

Plusieurs traits répandus dans mon ouvrage sur quelques hommes célèbres, contredisent un peu l'opinion générale; il est vrai qu'à cet égard je n'ai point suivi l'opinion de ces Historiens, qui, les uns par flatterie; les autres par imitation, ont élevé au rang des grands Hommes, des êtres qu'ils devoient re-

PRÉFACE.

jeter dans la claſſe des ſcélérats, comme l'exigeoit la vérité.

Ces menſonges, accrédités en vieilliſſant, ont tranſmis juſques dans un ſiècle éclairé les opinions abſurdes d'un ſiècle barbare. Accoutumé depuis long-temps à décider d'après de vieux préjugés, & rarement d'après la raiſon, nous conſervons encore, ſur la gloire & ſur la vraie grandeur, des idées qui décèlent notre ancienne barbarie; nous admirons par routine un homme qui n'a été grand que par les grandes places qu'il a occupées, les grands édifices qu'il a fait élever, les grands événemens auxquels il a participé, ou les grands maux qu'il a produits. Un guerrier, pour ſes intérêts, que ſouvent il déguiſe ſous le nom des intérêts de ſon maître, peut ravager des provinces entières, piller des villes, brûler des moiſſons, verſer le ſang des utiles cultivateurs, porter par-tout l'effroi, le malheur; si ses attentats sont couronnés par des succès, il sera un héros, son nom sera révéré par la postérité; & l'homme vertueux qui sacrifiera, peut-être avec plus de courage, ses intérêts ou sa vie pour soulager l'humanité souffrante, restera inconnu & oublié (1).

Ainsi le mal jouit encore de tous les honneurs du bien.

---

(1) Quand je pense à *Alexandre*, à *César*, ces conquérans si vantés par les Historiens de leur temps, & depuis par des Professeurs de collège, aussi-tôt je me rappelle *Mandrin*, & la gloire de *Mandrin* me semble un peu balancer la leur; il combattoit contre la Ferme, qui, à la vérité, n'est pas un mal pour tout le monde, & les autres combattoient contre la liberté, qui est un grand bien. Il ne manquoit à *Mandrin* qu'un titre usurpé ou non; alors un manifeste eût illustré ses brigandages.

PRÉFACE. xxxix

Il semble qu'opprimer & nuire avec éclat soient des titres honorables aux yeux du peuple ; de même on a vu des nations barbares négliger le culte d'un Dieu bon, & préférer de porter leurs offrandes sur les autels d'un génie malfaisant. Quand nous dépouillerons-nous donc entièrement de notre vieille barbarie ? Quand cesserons-nous de préférer des crimes brillans à des vertus utiles ?

Cette fausse idée de gloire & de grandeur a produit autrefois une infinité de droits absurdes, de privilèges iniques dont j'ai souvent eu lieu de parler dans cet Ouvrage. Quelques-uns de ces droits protégeoient ouvertement le crime, en assurant aux criminels une tranquille impunité & un asile impénétrable à la justice. Combien de monastères, d'églises, de châteaux, même de maisons particulières, jouissoient autrefois du *droit d'asile !* Solliciter ou exercer un tel droit, n'étoit-ce pas vouloir, par un stupide orgueil, mépriser, fouler aux pieds la raison & les lois, afin de s'élever au deſſus, & paroître plus grand qu'elles?

C'eſt d'après ces faux principes que des Ecrivains ont, avec enthouſiaſme, loué, comme des vertus, des actions criminelles, & donné des titres de héros, même de Saints, à de puiſſans ſcélérats (1).

C'eſt d'après les mêmes principes

---

(1) *Pierre*, Abbé de Vaux-Cernai, loue *Simon de Montfort* d'avoir, par une action ſacrilège, trompé *Raimond VI*, Comte de Toulouſe, afin de lui enlever plus facilement les biens qui lui reſtoient. Ce Moine hiſtorien trouve cette tromperie ſi louable, qu'il s'écrie avec tranſport : ô PIA FRAUS ! ô PIETAS FRAUDULENTA ! *ô fraude pieuſe ! ô piété frauduleuſe !* J'ai détaillé ce fait à l'article *Narbonne*, dans la ſeconde Partie de cet Ouvrage.

PRÉFACE.

que la plupart de nos anciens Seigneurs croyoient accroître leur noblesse & leur grandeur, en se parant des titres pompeusement ridicules, de *très-haut*, *très-redouté* ou de *très-redoutable*; il sembloit qu'alors, pour être grand, il ne suffisoit que d'inspirer de l'effroi (1).

---

(1) J'ai vu plusieurs titres, plusieurs épitaphes où se trouvoient ces mots de *très-redoutés* ou *très-redoutables Seigneurs*. Bouchet a dédié ses *Annales d'Aquitaine* à un *très-redouté Seigneur*. On étoit bien éloigné de penser alors que les titres de *très-raisonnable*, *très-juste* ou de *très-bienfaisant Seigneur*, auroient été préférables à ces titres menaçans que l'ignorance & l'orgueil ont inventés.

Aujourd'hui, il faut l'avouer, la Noblesse, & sur-tout la Noblesse instruite, est bien revenue de ces honteux préjugés. Il est plusieurs Gentilshommes qui sont persuadés qu'une longue série d'aïeux n'ajoute rien au mérite personnel; que la noblesse en parchemin ne vaut pas la noblesse de l'ame; que les talens de l'esprit &

PRÉFACE.

Ces distinctions humiliantes, ces usurpations anarchiques, grace à la révolution des temps & aux progrès des lumières, sont bien foibles aujourd'hui : la raison détruit insensiblement l'ouvrage de la barbarie ; mais il reste encore des préjugés que l'instruction générale peut seule déraciner : c'est pour y concourir, c'est pour contribuer, suivant mes forces, à priver la mémoire de ceux qui ont été les fléaux de l'humanité, d'un hommage qui n'est dû qu'à celle de ses bienfaiteurs,

---

les qualités du cœur peuvent être préférés à des titres que le hasard ou l'argent procurent, & qui sont depuis long-temps réduits en marchandises. En pensant ainsi ils ont plus de droit à notre estime que celui qui, sans être Gentilhomme, pense de même ; parce qu'il leur faut plus de force pour se dépouiller d'un préjugé qui, à la vérité, blesse la raison, mais qui flatte leur amour propre.

que j'ai souvent, dans mon Ouvrage, sur certains hommes célèbres, heurté l'opinion générale.

Ce n'est point des déclamations que j'ai employées, j'ai voulu convaincre comme j'ai été convaincu, par des faits avérés, par des autorités authentiques, par le sentiment des Historiens les plus respectables. Voilà ce que j'ai cru devoir ajouter pour les personnes qui, accoutumées à de rians mensonges, ou à ne voir la vérité qu'à travers un brillant nuage, ne peuvent l'envisager de près sans étonnement, sont alors tentées de la méconnoître, ou soupçonnent la bonne foi de ceux qui la leur présentent.

F I N.

AVIS DU LIBRAIRE.

Les Volumes se succéderont rapidement, & seront publiés de deux en deux; un petit nombre d'exemplaires est tirés sur papier de Hollande. Les personnes qui auront des observations ou quelques mémoires à offrir, relatifs à cet Ouvrage, pourront les adresser au Libraire, ils parviendront à l'Auteur qui les recevra avec reconnoissance, & en fera mention & usage à l'endroit convenable, ou dans un Supplément qui terminera l'Ouvrage.

DESCRIPTION DES PRINCIPAUX LIEUX DE FRANCE.

PROVENCE.

Tableau général de la Provence.

Géographie. Cette province est située entre le quarante deuxième degré cinquante-quatre minutes, & le vingt-quatrième degré cinquante sept minutes de longitude, & entre le quarante-deuxième degré cinquante-cinq minutes, & le quarante-quatrième degré trente-quatre minutes de latitude. Elle est bornée au *nord* par le Dauphiné; au *nord-est* par le Piémont; au *sud* par la méditerrannée; à l'*est* par les terres du Comté de Nice; à l'*ouest* par le Rhône qui la sépare du Languedoc. Elle a du nord au midi trente-deux lieues d'étendue, & quarante du levant au couchant.

La Provence, placée à l'extrémité méridionale de la France, est une des moins grandes provinces du royaume, & des plus intéressantes.

La variété de ses productions, le voisinage de la mer, son commerce maritime, ses ports célèbres, & sur-tout ses monumens antiques, dont elle abonde bien plus qu'aucune autre province de France, sont les principaux avantages qui la font distinguer.

Histoire. La Provence dut sa première célébrité aux Phocéens, qui fondèrent Marseille & civilisèrent les habitans de cette contrée. Les arts y furent cultivés avec succès. Sous l'empire des Romains, la Provence acquit encore un nouveau degré de splendeur, & cette partie de la Gaule sembloit, par la politesse & les mœurs douces qui y régnoient, faire partie de l'Italie. Mais cet état florissant ne fut, pour ainsi dire, qu'éphémère. Les liaisons intimes que la Provence avoit avec l'Italie, dit M. l'abbé Papon, le commerce qu'elle faisoit avec les Grecs & les Africains, la livrèrent aux vices des nations étrangères; d'un autre côté, l'Empire Romain touchoit à sa décadence. La Provence partagea ses vicissitudes & ses pertes; placée entre l'Italie & les Gaules, elle fut en proie à tous les partis qui se formèrent en deçà des Alpes. Les Bourguignons s'emparèrent de la partie occidentale jusqu'à la rive gauche de la Durance, en 474; les Ostrogoths occupèrent le reste en 480; enfin les François en chassèrent ces peuples, & furent absolument maîtres de cette province, par la cession que leur en fit l'Empereur Justinien en 536; ce fut alors qu'elle prit le nom de *Provincia*, d'où est venu celui de *Provence*.

La Provence ne fut point heureuse sous les

Francs. Les divisions qui régnoient parmi les Souverains, la livrèrent au despotisme des Gouverneurs, & aux ravages des Normands, des Lombards, des Saxons, des Hongrois, & des Sarrasins sur-tout : les excès que ces derniers commirent, servirent de prétexte à *Bozon*, Gouverneur des Etats de l'Empereur Louis II, en deçà des Alpes, pour se faire couronner à Martaille, en 879, dans une assemblée composée des Evêques & des Seigneurs du pays. Alors commencèrent, à proprement parler, les Rois de Provence ; il y en eut trois, qui sont :

Bozon, depuis l'an 879 jusqu'en 887.

Louis, son fils, surnommé *l'Aveugle*, couronné Roi en 890, & Empereur en 901, il mourut vers l'an 929.

Hugues, son parent, qui gouverna du vivant de Louis, & fut couronné Roi de Lombardie en 929. Il céda la Provence, en 933, à *Rodolphe II*, Roi de la Bourgogne transjurane. *Hugues* ne prit jamais le titre de Roi de Provence, quoiqu'il exerçât tous les actes de souveraineté.

Ce fut Rodolphe qui transmit la Provence aux Empereurs ses successeurs. Il établit des Comtes, qui, n'étant d'abord qu'électifs-héréditaires, s'attribuèrent ensuite la propriété du fief. Le premier fut Bozon II, en 948 ; ses descendans régnèrent successivement sur la province jusqu'en 1054. Cette année-là ils se la partagèrent, & formèrent deux Comtés ; celui d'Arles passa dans la maison des Vicomtes du Gévaudan en 1095, & ensuite dans celle de Barcelonne en 1112.

Celui de Forcalquier, après avoir été porté par des héritiers dans la maison d'Urgel en 1093, & dans celle de Sabran vers l'an 1175, fut réuni, en 1193, à celui de Provence, qui étoit alors possédé par les Comtes de Barcelonne. (Voyez *Forcalquier*). Ceux-ci finirent dans la personne de Raimond Berenger IV, mort à Aix le 19 août 1245, n'ayant que quatre filles.

Les Comtes de la maison de Barcelonne ayant été les premiers qui fixèrent leur Cour à Aix, firent dans les mœurs une révolution bien importante. Avant eux, les Seigneurs, retirés dans leurs châteaux, avoient peu de communication les uns avec les autres, & ne faisoient rien par cette envie de plaire à laquelle les peuples modernes doivent en partie leur politesse & leur aménité. Réunis sous les yeux du Souverain, ils se livrèrent tout entiers aux idées qu'inspire une société naissante. L'esprit eut plus de ressort, le sentiment plus d'activité; alors commença, à proprement parler, cette galanterie chevaleresque, dont un des caractères distinctifs étoit de rendre les hommes meilleurs, & plus passionnés pour la gloire. Elle devint même l'unique objet des chansons des Troubadours; car les Lettres commencent par prendre le ton du siècle, & finissent par le donner. Ce goût passa des provinces méridionales dans le nord de la France, & l'on peut dire que le respect, la fidélité, le désintéressement que respirent les ouvrages des Troubadours, ont fourni le modèle de la galanterie françoise, &c. *Voyage de Provence, par M l'Abbé Papon, tom. I.*

Les Poètes provençaux, par leurs amours

& leurs chansons, embellirent leur langue, & rendirent leurs siècles plus aimable. L'histoire de ces temps heureux offre un intervalle agréable entre des siècles ignorans & barbares. Depuis *Alphonse II* jusqu'au bon Roi *René*, la galanterie chevaleresque, la poésie furent portées en Provence à un degré de perfection auquel nul autre pays de l'Europe ne put atteindre. Mais à ces mœurs douces & aimables, succédèrent des mœurs féroces & sanguinaires ; depuis la fin du quinzième siècle jusqu'à la fin du seizième, la Provence devint un théâtre affreux de violences & de massacres. Le goût de la chevalerie, l'amour, & la poésie avoient rempli cette contrée de chansons tendres & passionnées, d'anecdotes galantes ; la fureur du fanatisme la couvrit de bourreaux & de sang.

CLIMAT. Le climat de la Provence est très-varié ; la partie méridionale, qui forme la côte maritime, est aride & brûlante, & les chaleurs y durent long-temps (1). La partie montagneuse & septentrionale est froide (2) & humide ; les pluies y sont presque continuelles, même en été, où les orages deviennent très-fréquens.

―――――――――

(1) Généralement, depuis le commencement de juin jusqu'au 15 septembre, le thermomètre, à deux heures après midi, se soutient au dessus de 20 degrés à Marseille ; le 6 avril 1774, le thermomètre étoit à 30 degrés & demi hors de la ville, dans un endroit où il n'y avoit aucune réverbération qui pût agir sur le mercure.

(2) On y trouve les mêmes plantes que dans la Laponie, telles que la *chamærododendros*, *l'alpina humifuga*, *l'uva ursi*, & plusieurs espèces de saules nains.

Entre ces deux extrêmes eſt une contrée plus tempérée & plus fertile.

Cette ſingulière variété dans le climat d'une même province a fait dire que celle-ci pouvoit être, comme le globe terreſtre, diviſée en trois zones; la torride & la sèche au midi, la froide & l'humide au nord, & la tempérée au milieu. On peut ajouter à cette ſingularité, qu'en Provence les quatre ſaiſons ſe trouvent dans le même temps. Pendant qu'on moiſſonne ſur la côte maritime, on ſeme des grains dans la contrée des montagnes; & pendant que celle-là vendange, celle-ci moiſſonne : d'après cela, on voit qu'il eſt poſſible à des perſonnes aiſées, en changeant à propos de demeure, de ſe procurer un printemps continuel.

Vents. Les vents contribuent beaucoup à varier la température de la Provence. Lorſque le temps eſt calme & ſerein, on trouve à Marseille, en décembre, en janvier, les beaux jours du printemps; mais ſi le vent du nord ou celui du nord-oueſt s'élève, cette douce chaleur diſparoît, & le froid la remplace.

Le vent ſud-ſud-eſt produit de ſinguliers effets ſur les habitans de la baſſe Provence; il relâche les fibres, éteint le feu de l'imagination, répand dans l'eſprit la triſteſſe & la ſtupeur, & dans les facultés corporelles une laſſitude inſurmontable; les oiſeaux ne chantent plus; il règne dans les campagnes un morne ſilence; tout eſt dans l'engourdiſſement. Les perſonnes ſujettes à des rhumatiſmes, celles qui ont eu des contuſions ou des bleſſures dans quelques parties du corps, ſentent alors leur douleur ſe réveiller.

Le vent le plus fréquent & le plus impétueux est un vent nord-ouest, appelé *Mistral*. Pline & Diodore de Sicile ont parlé de ce vent comme un des plus violens qui soit connu; il ôte la respiration, & il ébranle un chariot chargé.

En décrivant chaque lieu de cette province, nous parlerons de l'histoire naturelle de ses environs.

RIVIÈRES. Les rivières les plus considérables de la Provence sont, *le Rhône* qui la sépare du Languedoc, & n'entre dans la Provence que pour former l'île de la Camarque qui en dépend; ce fleuve est navigable, & les autres rivières de la Provence ne le sont point.

La Durance, qui la traverse & la sépare en différens endroits du Dauphiné & du Comté Vénaissin, passe à Sisteron, à Cavaillon, & va se jeter dans le Rhône un peu plus bas qu'Avignon.

Cette rivière fait beaucoup de dégât; de là est venu ce proverbe rapporté par *Papyre Masson* dans sa description des rivières de France; *le Gouverneur, le Parlement, & la Durance ont dévasté la Provence*.

Le Verdon tire son nom de ses eaux verdoyantes. Cette rivière passe à Colmar, à Castellanne, & se jette dans la Durance, entre Manorque & Pertuis.

L'Argens prend sa source vers Saint-Maximin, & va se jeter dans la méditerranée auprès de Fréjus.

L'Arc passe à Aix, & se jette ensuite dans l'étang de Berre.

A iv

L'Aigues traverse le Comté Vénaissin & la Principauté d'Orange, & se jette dans le Rhône, près de la ville d'Orange.

Le Var, qui, en séparant le Comté de Nice de la Provence, sépare la France de l'Italie, passe à Entrevaux, & va se perdre dans la Méditerranée entre Nice & Antibes.

ADMINISTRATION de la province. Les généralités du royaume sont ordinairement divisées en *élections*, en *bailliiages*, &c.; celle d'Aix qui comprend toute la Provence avec *la vallée de Barcelonnette*, est l'unique dont les divisions portent le nom de *Vigueries*. Comme les élections supposent un chef-lieu, & une jurisdiction composée d'*Elus*; ainsi les Vigueries sont des jurisdictions composées de juges nommés *Viguiers*, dont les chefs-lieux sont au nombre de vingt-deux, & ont leur siége dans les villes suivantes. Aix, Tarascon, Forcalquier, Sisteron, Anot, Grasse, Hyères, Draguignan, Toulon, Digne, Saint-Paul de Vence, Moustiers, Castellane, Apt, Saint-Maximin, Brignoles, Barjols, Colmars, Seyne, Lorgues, Val-de-Barrême & Aubagne, qu'on a substituée à Guillaume, depuis que cette dernière ville a passé sous la domination de la Savoie.

On doit ajouter à ce dénombrement *les terres adjacentes* qui forment vingt-six communautés, y compris le pays de *Saulx*. Parmi ces communautés se trouvent Marseille, Arles, Salon, &c. Les villes de cette partie de la Provence, soumises au même Gouverneur, au même Parlement, au même Intendant, ont une administration particulière & indépendante de la direction des états. Ce pays jouit encore de quelques priviléges : Marseille, qui en fait partie, a son port franc ; mais la ville est assujettie à de gros droits de consommation.

Il y a cent cinquante ans que les états de la Provence ont été suspendus. La dernière assemblée fut tenue à Aix en 1639. On leur a substitué l'assemblée générale des communautés, qui a l'autorité de ces mêmes états ; cette assemblée est toujours présidée par l'Archevêque d'Aix.

IMPOSITIONS « Les impositions ne sont assises que sur les fonds de terre, & quand une fois le nombre des feux est fixé, & que chaque communauté connoît ce qu'elle doit payer relativement aux charges de la province & aux dépenses qu'elle est obligée de faire pour elle-même, elle a la liberté de s'imposer de la manière qui lui paroît la moins onéreuse, & la plus convenable à sa situation, à moins qu'il n'en résultât une impossibilité de payer les charges ». *Voyage de Provence.*

Les vingtièmes & les droits réservés sont abonnés, les travaux des chemins sont faits à prix d'argent, & la dépense est payée du fonds des contributions de la province. En 1609, les impositions montoient à quatre-vingt-six mille quatre cent soixante-trois livres. En 1697, suivant le mémoire de M. Le Bret, Intendant de cette province, les revenus du Roi & de ses Officiers généraux, non compris les deniers d'octroi de toutes les villes, montoient à trois millions six cent vingt-un mille deux cent quatorze livres. Aujourd'hui les contributions de cette généralité, suivant M. Neker, y compris la somme destinée pour les chemins, peut aller à environ quinze millions.

DÉNOMBREMENT. L'étendue de cette province étant estimée à onze cent quarante-six lieues carrées, sa population à sept cent cinquante-quatre mille quatre cents ames; c'est six cent cinquante huit habitans par lieue carrée, & dix-neuf livres dix-huit sous d'imposition par tête d'habitans de tout sexe & de tout âge.

PRODUCTIONS, Manufactures, Commerce, &c. La Provence ne recueille presque jamais assez de blé pour sa consommation ; mais indépendamment de ses vins & de ses pêcheries, elle a des productions analogues à son climat, telles que les citrons, les oranges, les grenades, les olives : cette disette en productions de première utilité, cette abondance en fruits odoriférans, ont fait nommer la basse Provence, *une gueuse parfumée.*

Cette province tire un grand parti de la fabrication des huiles & des savons. Les ateliers & les dépenses de la marine royale, au port de Toulon, sont encore un avantage pour la Provence; mais ce qui vivifie essentiellement le pays, c'est le commerce de Marseille ; commerce considérable, & qui s'étend dans toute l'Europe, en Afrique, aux Indes occidentales, & d'une manière exclusive aux échelles du levant ; les exportations pour cette dernière contrée s'élèvent annuellement à plus de trente millions ; mais ces exportations sont composées des productions du sol ou des fruits de l'industrie de différentes provinces.

Mœurs & Caractéres des Provençaux.
Voici ce que difoit, il y a plus de deux siècles, le Médecin la Bruyere-Champier: « Pour l'abondance, le bon goût, & la variété des fruits, la Provence ne le cède à aucun autre canton du royaume; mais pour la douceur des mœurs, pour la nobleffe dans la façon de vivre, ce peuple est bien inférieur au reste de la France. Il confomme peu de viande, excepté dans les montagnes & le long des côtes, où le chevreau est d'ufage : mais il mange beaucoup de poiffon, foit frais, foit falé, parce que la Méditerranée lui en fournit beaucoup ; il eftime par deffus tout les olives préparées & les câpres. Chez lui, on fert fur la table, comme un mets exquis, des figues & des raifins, frais ou fecs, & même des citrons, des oranges, limons & poncires, qui par-tout ailleurs ne font regardés que comme un affaifonnement..... Ces mets s'y affaifonnent avec de l'huile; car on n'y connoit prefque pas le beurre. Les vins y font forts & vigoureux; les perdrix, rouges & fort grandes; elles ont un fumet très-agréable, qu'elles doivent aux alimens dont elles fe nourriffent ».

« Les Provençaux, dit un Cofmographe du règne de Louis XIII (1), ont une merveilleufe difpofition, & font extrêmement *fobres, lorfqu'ils vivent à leurs dépens*, & affez vaillans, mais inconftans, avares, doubles

---

(1) Les Etats, Empires, Royaumes & Principautés du monde, par le fieur D. T. V. Y., Gentilhomme ordinaire de la chambre du Roi.

& de foi mal assurée. Ils sont tous grands parleurs, se plaisent à faire des contes d'eux-mêmes, & s'estiment au possible. Ils sont arrogans & fiers de tout ce qui se peut en leur pays, & ne portent nul respect à leurs Seigneurs, ou à ceux qui sont élevés en dignités sur eux, vu même qu'il y en a beaucoup qui ont malheureusement meurtri ceux qui leur commandoient. Les femmes y sont fort pompeuses, à l'italienne. Le paysan y est plus spirituel qu'en aucun pays de France, & dit si bien sa raison, que l'on diroit que quelque habile homme, nourri parmi les affaires, l'a instruit en cette sorte. Ceux qui sont aux lieux maritimes s'adonnent fort au trafic, & manient dextrement leurs affaires. Ils sont grands faiseurs de chansons, avec lesquelles ils passent bien souvent leurs fougues, quand il leur arrive quelques troubles; au reste, ils sont fort affectionnés à la religion, & fort bons catholiques ».

Lorsque, par ordre de Monseigneur le Duc de Bourgogne, les Intendans du royaume dressèrent des mémoires sur leur généralité, M. *Le Bret*, Intendant d'Aix, envoya, en 1698, un mémoire sur la Provence, dans lequel il se montre plus empressé à faire sa cour que le bien des peuples dont les intérêts lui étoient confiés (1). C'est ainsi qu'en a jugé M. le Comte

---

(1) Voici comme M. le Comte de Boulainvilliers parle de ce Mémoire dans son ouvrage intitulé : *l'Etat de la France*. « Il est très-diffus, écrit d'un style mou & » lâche, & ne répond pas à ce qu'on pouvoit attendre

de Boulainvilliers, dans l'extrait qu'il donne du mémoire de cet Intendant.

Ce M. Le Bret, dont le nom ne doit pas être bien révéré en Provence, pour donner au Ministère une idée du caractère des Provençaux, non seulement copie les pensées & les expressions du portrait peu avantageux que l'on vient de rapporter, fait cent cinquante ans avant lui, mais encore il en charge les traits, & les présente d'une manière plus odieuse; & par un procédé indigne d'un Intendant, qui doit se montrer le protecteur, le père des peuples auxquels il est chargé de rendre justice, & qui doit, par ses vertus actives & bienfaisantes, faire chérir la bonté du Souverain; il se montre ici leur ennemi & leur dénonciateur.

« Les Provençaux, dit-il, sont naturellement *sobres*, sur-tout *lorsqu'ils vivent à leurs dépens* ; ils ont assez de courage, mais ils sont inconstans & doubles; on ne doit que rarement se fier à leur bonne foi; ils sont tous grands parleurs, aimant à débiter des fables de leur composition, fort entêtés de leurs propre mérite, & arrogans, singulièrement dans leur terrain; ils haïssent la dépendance, au point que les Seigneurs des lieux & tous ceux qui ont

---

» de son Auteur ; sa prolixité affectée dans les choses
» communes, y dérobe souvent les matières essentielles,
» sur lesquelles il ne dit précisément que ce qu'un In-
» tendant, plus touché de l'intérêt de la cour que de
» celui du peuple, croit pouvoir expliquer sans offenser
» le Ministère, ou pour ménager son crédit & ses espé-
» rances de ce côté-là ».

droit de supériorité y sont sujets à des mortifications sensibles, encore est-ce le moindre cas où ils puissent tomber, y en ayant eu souvent de massacrés ou indignement traités. Cette disposition les a fait regarder à la Cour comme des sujets disposés à la révolte, & c'est le principe sur lequel on a réduit les états aux simples assemblées de communautés, pour prévenir les mouvemens populaires où ils étoient en quelque sorte accoutumés, ainsi qu'il arriva en 1648, où, sur la nouvelle que le parlement d'Aix avoit été semestré, il se fit en un moment un si grand tumulte, que le Gouverneur de la province y fut arrêté prisonnier; c'étoit alors le Comte d'Alais, & il fut retenu jusqu'à ce que le Parlement eût obtenu la révocation du semestre & l'abolition de la révolte. Les Provençaux aiment fort les ajustemens & les beaux habits; mais ce qu'il y a de singulier dans le pays, est l'*élégance* (1) naturelle, & le bon sens ordinaire du paysan, qui paroît toujours si bien instruit des matières dont il s'agit, que l'on a peine à comprendre comment il a pu acquérir ces talens sans éducation ».

L'Apologiste fait ensuite l'éloge du zèle des Provençaux pour la religion catholique; & pour appuyer cet éloge, il les peint comme des fanatiques furieux & rebelles. « On peut en donner pour témoins, dit-il, le massacre de Merindol & de Cabrières, ainsi que la résis-

---

(1) L'intendant a voulu dire *éloquence* ; l'Auteur qu'il copie, & dont il a voulu rajeunir le style, exprime d'une manière plus claire & plus correcte cette même idée.

tance du Parlement à l'établissement d'une *chambre de l'édit*, du temps d'Henri IV, quelque profit que le Parlement & le Roi lui-même en eussent pu espérer ». C'est par cet éloge, plus caustique que les traits de médisance, que M. Le Bret acheve le portrait des Provençaux.

Ce portrait a pu, ou peut encore avoir plusieurs originaux en Provence; mais on ne doit pas raisonnablement le regarder comme le caractère général de ses habitans. Ce qu'en dit M. d'Urfé dans son Astrée est bien plus concis, & paroît s'approcher davantage de la vérité. *Ils sont dans ce pays-là*, dit-il, *riches de peu de bien, glorieux de peu d'honneur, & savans de peu de science.*

TARASCON.

Cette ville, située sur les bords du Rhône, est en face de Beaucaire, & y communique par un pont de bateaux pareil à celui d'Arles. Ce pont, n'ayant point de parapet, peut être dangereux dans plusieurs circonstances, sur-tout lorsque le vent appelé *Mistral* souffle avec violence; ce qui arrive souvent le long du Rhône.

On croit que l'étymologie du nom de cette ville est grecque, & qu'elle doit son origine à un comptoir que les Marseillois y établirent quand Pompée leur eut donné les deux bords du Rhône.

DESCRIPTION. On montre à Tarascon, dans l'église collégiale de *Sainte-Marthe*, la châsse de cette Sainte, dont Louis XI fit présent au chapitre en 1475; elle est d'or, enrichie de grenats, & pèse vingt-deux mille ducats.

Usages. On fait voir en même temps le *dragon* que cette sainte dompta; c'est une figure en bois très-grossière, appelée dans le pays *Tarasquo*, & qu'on promène par la ville le jour de la seconde fête de la Pentecôte & le jour de Sainte-Marthe. Dans plusieurs autres églises de France on promenoit autrefois, ou l'on promène encore, de semblables représentations de serpens ou de dragons (1).

―――――――――――――――――――――――

(1) Dans plusieurs anciennes églises du royaume, on voit des serpens ou dragons exposés; dans plusieurs autres on les promène aux processions des grandes fêtes. Autrefois, dans l'église de Notre-Dame de Paris, on étoit en usage de porter aux processions des Rogations un grand dragon d'osier qui avoit la gueule béante. Le peuple s'amusoit beaucoup de ce dragon. Les plus adroits s'exerçoient à jeter en passant, dans sa gueule, du fruit & des gâteaux. Cet usage, qui existoit encore au commencement de ce siècle, fut établi, dit-on, en mémoire d'un dragon ou serpent monstrueux, dont Saint-Marcel, Evêque de Paris, délivra cette ville. La même superstition est en vigueur à Poitiers. Aux processions solennelles on promène un énorme serpent, dans la bouche duquel on jette également des pâtés & des fruits. Le peuple appelle ce serpent *la bonne Sainte Vermine*. A Rouen, on promène encore en procession la représentation d'un dragon dont Saint-Romain délivra miraculeusement la Normandie. Dans cette représentation d'osier, appelée *la Gargouille*, on met également des poissons, des fruits, & autres comestible. Il y a peu de provinces en France qui n'ait à raconter les ravages & la mort miraculeuse de quelque dragon ou serpent monstrueux.

On croit que ce dragon, appelé *Tarasco*, a donné son nom à la ville. Son blason porte en conséquence un dragon sans aîles, à six jambes, avalant un homme.

Dans l'église de Sainte-Marthe est une chapelle souterraine. A droite, en y descendant, on voit le tombeau de *Jean de Cossa*, Baron de Grimaud, grand Sénéchal de Provence; il mourut à Tarascon le 3 octobre 1476. Son épitaphe, placée sur le mur au dessus de son tombeau, rapporte qu'il suivit le Roi *René* en deçà des monts, lorsque ce Prince fut dépouillé du royaume de Naples par les Aragonois.

Dans la chapelle du fond est la figure en marbre de Sainte-Marthe, couchée sur un lit de parade. Cette figure & ce lit sont regardés, par les gens du pays, comme un des meilleurs morceaux de sculpture qu'il y ait en France.

Le château de Tarascon, rebâti à neuf par Louis II, Roi de Sicile, fut commencé le 4 octobre 1402, & achevé quatre ans après; il coûta deux cent quatre-vingt-seize mille quatre cent cinquante livres de notre monnoie.

Tournois. Pendant que la Provence étoit soumise à ses Comtes, on célébra plusieurs fois des tournois à Tarascon; on doit sur-tout distinguer celui qui y fut donné au mois de juin 1449, en présence du Roi René, de la Reine son épouse, & de toute sa cour. Ce tournois dura trois jours; M. l'Abbé Papon, dans le tome troisième de l'histoire de Provence, en donne une description détaillée.

Avant de quitter Tarascon, le bon Roi *René* ordonna à tous les Chevaliers de payer exacte-

Partie I. B

ment la dépense qu'ils avoient faite. *Je ne veux pas quitter la ville*, disoit-il, *que tout le monde ne soit content.* Cette recommandation étoit fort nécessaire dans un temps où les gentilshommes ne se faisoient aucun scrupule de duper, de piller, & de battre les roturiers; c'étoit la noblesse du bon vieux temps.

SAINT-REMI.

Cette petite ville, située à trois lieues de Tarascon, & sur la route de cette ville à Aix, est remarquable par un arc de triomphe & un mausolée ; monumens dignes du siècle d'Auguste.

Antiquités. L'arc de triomphe, qui n'est pas entier, paroît avoir été érigé en l'honneur de *Nero Claudius Drusus*, frère puîné de l'Empereur Tibère. Drusus étant mort en deça du Rhin, l'an de Rome 745, d'une chute de cheval, les habitans de *Glanum Livii*, qui avoient des raisons pour honorer sa mémoire, firent élever ce monument.

Le mausolée, qu'on voit à un mille au sud-est de cette ville, dans l'endroit où étoit autrefois l'ancienne *Glanum Livii*, est très-bien conservé; sa forme & son exécution sont également admirables; mais rien ne peut faire connoître l'état des personnes pour lesquelles il fut élevé. Il est composé de trois parties; d'une base carrée, chargée de bas-reliefs absolument effacés; au dessus est une construction carrée, élevée en manière de portiques, & percée à jour des quatre côtés, par autant d'arcades dont les angles, en forme de pilastres d'ordre corinthien, sont cannelés & chargés d'ornemens; on remarque à la clef une tête ornée de guirlandes & de feuillages en bas-relief. Au dessus d'un de ces portiques, qui fait la face principale, on lit l'inscription suivante qui apprend que *Sextus*, *Lucius*, & *Marcus*, tous trois fils de *Caius Julius*, l'érigèrent à leurs père & mère, dont on voit encore les statues :

SEX. L. M. JULIEI C. F. PARENTIBUS SUEIS (1).

Le monument au dessus de ce portique est un péristile de dix colonnes corinthiennes, isolées & canelées, qui portent une rotonde terminée par une calotte. La hauteur de ce mausolée est de huit toises trois pieds; il fut construit à peu près dans le même temps que l'arc de triomphe, qui l'avoisine, & doit avoir, dit M. l'Abbé Papon, quelques rapports avec lui; c'est à dire, que l'un & l'autre furent érigés à des personnes que les liens du sang unissoient. Cet arc de triomphe est gravé dans les antiquités du Père Montfaucon.

On a découvert en cet endroit des urnes & des instrumens de sacrifices, des médailles, & parmi plusieurs constructions romaines, telles que des ponts, des temples, &c, on y a trouvé une statue dont M. *Spon* a donné le dessin dans ses recherches d'antiquités, & un bas-relief que M. de *Caylus* a fait graver, avec quelques autres monumens de moindre importance, dans son

---

(1) On compte environ douze Auteurs qui ont donné des explications de cette inscription; nous nous en tenons au système adopté par l'Abbé *Papon*.

septième tome des antiquités, pag. 74. Ce bas-relief repréſente huit Soldats romains, ſerrés l'un contre l'autre, & qui marchent comme pour attaquer un poſte.

C'eſt dans la ville de Saint-Remi qu'a pris naiſſance le célèbre *Michel Noſtradamus*, Auteur des *Centuries*, & *Jean Noſtradamus*, ſon frère, Auteur des Vies des anciens Auteurs provençaux. Ils étoient iſſus d'une famille autrefois Juive. *Michel Noſtradamus*, qui prétendoit être de la tribu d'Iſſachar, s'appliquoit ces paroles des Paralipomènes : *De filiis quoque Iſſachar viri eruditi qui noverant ſingula tempora.* (Voyez *Salon*).

SAINT-CHAMAS.

Antiquité. Saint-Chamas eſt un bourg ſitué dans le voiſinage de la Crau, proche l'extrémité ſeptentrionale de l'étang de *Berre*.

Dans le voiſinage, ſur la rivière de Touloubre, eſt un pont remarquable, bâti par les Romains, appelé *Pont furian* ou *Pont fluvian*.

Ce pont eſt au niveau du chemin qui va d'Arles à Aix, & ce chemin eſt le même que l'ancienne voie *Aurelia*. Il eſt d'une ſeule arche à plein cintre, & bâti entre deux rochers. Sa largeur eſt de ſix toiſes, ſa longueur de onze, en y comprenant deux maſſifs fort épais, qu'on fit pour l'alonger. Aux deux côtés de ce pont, ſont deux arcs de vingt-un pieds huit pouces, élevés pour ſervir de couronnement à l'ouvrage, & non pour éterniſer quelques victoires, comme on l'a dit ; il est orné de pilastres corinthiens & de sculptures.

L'arc placé du côté d'Aix a une frise chargée d'ornemens & de l'inscription suivante :

L. DONNIUS. C. FLAVOS. FLAMEN.
ROMÆ ET AUGUSTI. TESTAMENTO.
FIEREI. JUSSIT. ARBITRATU. C. DONNEI
VENAL. ET C. ATTEI RUFFI.

Le second arc est à peu près semblable ; la sculpture offre des aigles qui tiennent une couronne de laurier. Il ne reste qu'un lion accroupi sur un de ces arcs ; les trois autres, détruits par le temps, ont été remplacés de nos jours.

Lucius Donnius, qui ordonna, par son testament, que le pont & les arcs fussent bâtis à ses dépens, sous la direction de *Caius Donnius Venalis*, & de *Caius Atteius Ruffus*, étoit, dit M. l'Abbé Papon, Prêtre d'Auguste & de Rome, deux Divinités de nouvelle date, qui avoient un culte & des temples communs, en plusieurs endroits de la province.

ARLES.

Cette ville, si célèbre sous les Empereurs romains, n'étoit point connue avant l'an 46 de notre ère ; elle fut élevée au rang des colonies romaines ; le Préfet du prétoire & les principaux Officiers de l'Empire y transférèrent leur siége ; enfin de plus en plus florissante, elle mérita le titre de *Métropole des Gaules*.

Constantin le Grand se plaisoit beaucoup à Arles, il voulut même qu'elle fût appelée de son nom *Constantina*. Cet Empereur y fit un assez long séjour, pendant lequel il l'embellit de plusieurs monumens, dont on voit encore des restes nombreux.

Sous les Rois de la seconde Race, cette ville devint la capitale d'un royaume qui porta son nom; mais sa gloire ne fut long-temps maintenue qu'au prix du sang de ses habitans.

Geronce, Général rebelle au tyran Constantin, l'assiégea l'an 410, & l'abandonna sans la prendre ; Constance, Général de l'Empereur *Honoré*, qui avoit fait lever le siége à Geronce, le continua contre *Constantin* & *Julien* son fils, qui, pendant quatre mois, défendirent cette place avec beaucoup de valeur, en attendant, des François & des Allemands, un secours qui enfin arriva. Il se donna alors auprès de la ville une sanglante bataille ; la victoire resta à Constance. *Édobic*, qui commandoit les François venus au secours des assiégés, fut obligé de prendre la fuite, après avoir laissé une grande partie de ses troupes sur le champ de bataille (1); ce combat fut donné

―――――――――――――

(1) Ce général *Edobic* crut, après sa défaite, trouver un asile assuré en Auvergne, chez un Seigneur gaulois de ses amis, nommé *Ecdice*, père de l'Empereur *Avitus* ; mais *Ecdice* sacrifia les droits de l'hospitalité à la fortune qu'il espéroit tirer de la mort de son hôte ; il lui fit couper la tête, & l'apporta lui-même à Constance, croyant lui faire avantageusement sa cour. Mais Constance, loin d'approuver & de récompenser une action si noire, ordonna à ce Seigneur de se retirer, & lui refusa la demande qu'il lui fit de demeurer dans le camp, de crainte que la présence ou le commerce

en deçà du Rhône, du côté du Languedoc, vers l'endroit où est aujourd'hui la ville de Beaucaire.

Constantin, après cette défaite, capitula, & rendit la ville à Constance.

Théodoric II, Roi des Visigots, assiégea deux fois cette ville, en 425 & 430, sans succès : à différentes époques, les François, les Goths, les Sarrasins l'assiégèrent, la prirent ou la pillèrent.

Arles devint le foyer d'une autre espèce de guerre moins sanglante, mais aussi animée ; c'est la dispute qui s'éleva entre les Evêques d'Arles & de Vienne, au sujet de la Primatie. Tous les Evêques Gaulois, depuis les commencemens du Christianisme en France, avoient reconnu la primatie d'Arles. Mais deux Evêques de cette ville, *Martien* & *Saturnien*, s'étant rendus coupables d'hérésie, & le différent qui survint entre deux Saints, l'un Evêque d'Arles, & l'autre Pape, occasionnèrent enfin la translation de cette primatie en l'église de Vienne. L'église d'Arles prétendit ensuite rentrer dans ses droits ; celle de Vienne s'y opposa. Le Pape, pour mettre les parties d'accord, imagina un moyen fort simple ; il partagea la primatie entre les deux églises belligérantes : mais elles ne furent point du tout satisfaites de la décision de ce Pape conciliateur. Cette rivalité fut la

---

d'un homme qui avoit également violé les lois de l'amitié & celles de l'hospitalité, n'attirât quelque malheur sur son armée.

source d'une infinité de querelles entre les Prélats de ces deux villes.

Après bien des évènemens défastreux qui dépouillèrent insensiblement cette ville de ses prérogatives, elle eut l'avantage de se gouverner en République depuis l'an 1218 ou environ, jusqu'en 1251 qu'elle se soumit à Charles d'Anjou.

On peut présumer que la température de la ville d'Arles a changé depuis que les Romains l'habitoient. Pour mériter la préférence sur plusieurs autres villes, pour être devenue le séjour de plusieurs personnes illustres de l'Empire, il a fallu que l'air fût plus salubre qu'il ne l'est aujourd'hui (1). M. l'Abbé Papon conjecture que la vaste surface des marais voisins & croupissans étoit autrefois un terrain cultivé, par la facilité qu'on avoit, du temps des Romains, de faire écouler les eaux stagnantes ou dans la mer ou dans le Rhône, dont le lit étoit sûrement plus bas qu'il n'est à présent. Les sables qu'il a déposés sur ses bords, ont élevé considérablement le terrain, & s'opposent à ce que les eaux pluviales, ou les ruisseaux qui s'y rendent, puissent s'écouler dans le fleuve; elles séjournent donc au même endroit, y affaissent la terre, y forment des cavités qui les retien-

―――――――――――――――――――――

(1) Les marais voisins, dit l'Abbé de Longuerue, envoyent à Arles des vapeurs si malignes, que les religieux de l'abbaye de Montmajour sont obligés d'aller passer l'été dans la ville, où ils ont un hospice, sans quoi ils creveroient tous.

nent, & qui rendent leur écoulement très-difficile, pour ne pas dire impossible.

La ville d'Arles est aujourd'hui moins étendue, moins florissante, & moins peuplée qu'autrefois. Long-temps rivale de Marseille, elle ne contient que le quart de sa population, & n'est qu'une ville du second ordre « D'Athènes, de Byzance, de Smyrne, les Grecs, » dit un moderne Observateur (1), s'y rendoient » en foule pour en faire l'entrepôt, de leurs » vins, de leurs parfums, de leurs étoffes, & de » leurs riches pelleteries. Les Gaulois y descendoient par le Rhône, & rapportoient ces » objets de luxe aux cités riveraines de la Loire, » de la Seine, & du Rhin; & c'est ainsi que les » mœurs des peuples policés, leur langage, » leur industrie, & leurs vices pénétroient dans » toutes nos provinces sur les aîles du commerce ».

DESCRIPTION. Arles est situé dans une plaine immense, à sept lieues de la mer, & sur la rive gauche du Rhône. Elle s'étendoit autrefois sur la rive droite, mais cette partie fut détruite, & il n'en reste que le faubourg appelé *Trinquetaille*, auquel la ville communique par un pont de bateaux. Des deux côtés de ce pont sont placés des bancs propres & commodes; dans la belle saison, les habitans y vont prendre le frais; derrière ces bancs est un parapet à jour, à travers lequel on voit, étant assis, le cours du Rhône & la campagne. A l'endroit le plus commode de ce pont on a prati-

_____
(1) M. Berenger, *Soirées provençales*.

qué une espèce de pont tournant qu'on ouvre pour laisser passer les gros bateaux qui montent ou qui descendent la rivière.

L'obélisque qui est au milieu de la place, devant l'hôtel de ville, est un des plus beaux monumens antiques du royaume. On ignore qui l'érigea, on présume que ce fut *Constantin le Grand*, ou l'Empereur *Constance*, qui fit, en 354, célébrer dans Arles les jeux *Circenses* ou scéniques. Ce fut en effet dans le jardin appartenant aux Augustines, & dans l'endroit où l'on prétend qu'étoit le cirque, que cet obélisque fut découvert. En fouillant ce terrain, on a trouvé à quatre pieds de profondeur des restes de murailles qui paroissent avoir été construites par les Romains, & qui devoient entourer le cirque.

Ce monument renversé, & même mutilé par les barbares conquérans, resta long-temps ignoré & enseveli sous terre. Il fut d'abord découvert en 1389, mais le temps n'étoit pas encore venu; le goût des beaux arts n'avoit pas alors la force de le tirer du tombeau : il y resta jusqu'en 1675.

L'année suivante, il fut élevé sur un piédestal dressé exprès dans le lieu qu'il occupe ; pour cette opération on employa huit gros mâts de navire, plantés autour du piédestal, liés ensemble par le haut, où on avoit attaché plusieurs fortes poulies, dans lesquelles passoient de gros cables qui étoient tirés par huit cabestans qu'on faisoit mouvoir en même temps. Cette entreprise eut un plein succès, & l'obélifque, qui pèfe environ deux mille quintaux, fut fufpendu en l'air, puis placé fur fon piédeftal en un quart-d'heure, au bruit des tambours, des trompettes, & des acclamations du peuple.

Les habitans d'Arles confacrèrent ce monument à la gloire de Louis XIV ; ils placèrent à la cîme un globe d'azur femé de fleurs de lis d'or, & couronné d'un foleil, qui étoit la devife de ce Prince. Ils firent réparer tout ce qui fe trouvoit ufé par le temps. Le piédeftal fut orné de quatre lions en marbre, & fes quatre faces furent chargées chacune d'une infcription latine dont *Péliffon* fut l'Auteur.

Quand on tranfmet fur le marbre un éloge à la poftérité, il ne doit guère s'écarter des bornes du vrai & de la raifon ; il eft dangereux que le Lecteur n'en tire des conféquences peu avantageufes pour l'Auteur & le Héros. Il paroît que *Péliffon* n'étoit pas bien pénétré de cette vérité lorfqu'il compofa les infcriptions de ce monument. On y lit que Louis XIV réuniffoit en fa perfonne *toutes les vertus des Princes fes aïeux* ; il l'appelle *Roi invincible* ; il le compare enfuite au *foleil*, puis il ajoute : *A Louis, véritable foleil de la France & de l'Univers*. (*Vero orbis gallici foli, &c. &c.*) Si Louis XIV revenoit aujourd'hui, il pourroit bien, en voyant ces infcriptions faftueufes, défirer qu'elles le fuffent moins.

Cet obélique eft de granit, & a cinquante-deux pieds de hauteur ; quand on le découvrit, il ne portoit ni infcriptions ni figures hiéroglyphiques, comme ceux qu'on voit à Rome.

L'amphithéâtre retrace à peine l'idée de ce

qu'il étoit anciennement. Les gradins font démolis, l'arène est remplie de maisons, & la seule galerie qui reste & qui forme la circonférence de ce vaste édifice, est coupée par des magasins & par des logemens pratiqués entre les arceaux. Cet amphithéâtre ne fut point achevé; il suffit de le voir, pour juger qu'il n'a jamais eu de couronnement. N'ayant été vraisemblablement commencé que vers la fin du second siècle de l'église, le changement continuel d'Empereurs & d'Officiers de l'Empire ne permit guère de suivre cette grande entreprise avec l'uniformité de plan & la continuité de dépenses qu'elle exigeoit. La galerie du rez de chaussée, par laquelle on faisoit entrer les animaux & les Gladiateurs, sert de cave aux maisons bâties dans l'épaisseur des murs de ce vaste édifice. La porte d'entrée du côté du nord offre encore de belles formes, quoique l'effet en soit diminué par l'exhaussement du terrain. L'arène avoit, dans son plus grand diamètre, trente-huit toises deux pieds cinq pouces; elle paroît beaucoup plus grande à présent, parce que les gradins étant détruits, elle n'a point d'autres bornes que l'enceinte extérieure des murs. La circonférence de l'amphithéâtre a cent quatre-vingt-quatorze toises, & la hauteur de son frontispice est de dix-sept toises.

Rien ne prouve mieux, dit M. l'Abbé Papon, quelle étoit la fureur des Romains pour les jeux qu'on y donnoit, que les dépenses immenses qu'exigea cet ouvrage. Le terrain sur lequel il est assis, étoit fort inégal. Que de bras ne fallut-il pas employer pour l'abaisser d'un côté & l'élever de l'autre, en y établissant d'une manière solide des blocs énormes de pierre capables de soutenir le poids de deux ou trois galeries bâties l'une sur l'autre, & celui de plusieurs rangs de siéges qui régnoient tout autour, & qui ne furent jamais achevés.

L'hôtel de ville d'Arles est un grand édifice élevé, en 1675, sur les desseins de *Jules Hardouin Mansard*; il est situé entre deux places, & offre de chaque côté une façade décorée de trois ordres d'architecture, & d'une porte surmontée des armes de la ville.

Sur le premier palier on voit un torse de marbre, autour duquel est un serpent qui l'embrasse dans ses replis, & entre les replis sont neuf signes du zodiaque; on présume que ce torse étoit un Apollon, à cause du serpent considéré comme Dieu de la Médecine & de l'Astronomie, & à cause des signes du zodiaque.

A côté est une colonne milliaire de laquelle on commençoit à compter les distances en partant d'Arles. Au même endroit on voit encore un autel votif fort bien conservé, avec une inscription à l'honneur de la bonne Déesse.

Le vestibule est remarquable par sa voûte très-surbaissée, que supportent vingt colonnes accouplées, & d'une seule pièce; dans les entrecolonnemens sont des portiques où l'on a placé les bustes des Comtes de Provence, avec leurs armes au dessus. Au fond du vestibule est une statue de Louis XIV.

Sur l'escalier, on voit une mauvaise copie d'une statue antique, qui occupoit la même place, & qu'on déterra en creusant un puits dans le cloître de la Miséricorde, l'an 1651.

Cette statue étoit la *Vénus* que les habitans d'Arles adoroient autrefois : en 1684, ils en firent présent à Louis XIV, & Girardon ayant restauré les bras & les mains, elle fut placée dans la galerie de Versailles, où on la voit encore.

La statue originale est de marbre grec, de six pieds de proportion, & d'une attitude admirable ; elle est représentée nue depuis la tête jusqu'aux hanches, & le reste du corps est drapé dans le goût antique.

Ce monument, après sa découverte, fit naître différentes conjectures : les uns soutenoient que c'étoit une *Diane*, & les autres une *Vénus* ; M. Terin défendit cette dernière opinion sous le nom de Callistène, & quelqu'un composa ce quatrain :

Silence, Callistene, & ne dispute plus,
   Tes sentimens sont trop profanes ;
Dans Arles, c'est à tort que tu cherches Vénus,
   On n'y trouve que des Dianes.

Un Poëte plus malin fit un madrigal qui se termine par cette pensée :

Qui juge d'une femme, a de quoi s'occuper ;
   La matière est fort ambiguë,
   Il est aisé de s'y tromper.

Quand la statue fut à Paris, la dispute cessa ; les Antiquaires de cette capitale décidèrent que c'étoit une Vénus.

Dans la rue Saint-Claude on voyoit autrefois un arc de triomphe, & un autre auprès de l'église de Saint-Martin; mais, malheureusement pour l'Histoire & les Beaux-Arts, il n'en reste plus aucuns vestiges.

A la place appelée *Saint-Lucien*, on voit un beau fronton qui est le reste d'un édifice élevé en 338, en l'honneur de *Constantin le Grand*, d'*Hélene* sa mère, de sa femme *Fausta*, & de son fils *Claude Constantin*, connu sous le nom de *Constantin le jeune*.

Dans la cour de l'ancien couvent de la Miséricorde, on voit deux belles colonnes que M. l'Abbé Papon juge avoir servi de décoration au théâtre, dont on voit, dit-il, encore l'enceinte dans les murailles de la ville, près la porte de *Laure*. Ce fut dans un puits voisin de l'endroit où sont ces colonnes, que l'on trouva la Vénus d'Arles, dont nous avons parlé; ce qui pourroit faire croire aussi que ces restes appartenoient peut-être à un temple consacré à cette Déesse.

On trouve encore en divers endroits de la ville d'Arles, des restes d'édifices romains. Les Antiquaires verront sûrement avec plaisir le cimetière placé hors de la ville, près des Minimes, & qu'on appele *Champs Elysées*. On y voit une infinité de tombeaux antiques de différentes formes & de différentes matières; ceux des payens sont distingués par ces mots: *Diis Manibus*, ou par ces deux lettres initiales D. M., & ceux des chrétiens, par une croix (1).

---

(1) Cette distinction que nous avons indiquée aussi à

Quoique le nombre de ces tombeaux antiques soit considérable aujourd'hui, il l'étoit bien plus autrefois. Différens particuliers en ont beaucoup enlevé, pour les faire servir à la construction de leurs maisons de campagne; d'autres les ont brisés pour y chercher des pièces de monnoie ou des médailles; en effet, on y en a trouvé quelques-unes, ainsi que des urnes, des patères, des lacrimatoires & des lampes prétendues inextinguibles.

Charles IX étant à Arles avec la Reine sa mère, cette Princesse fit transporter à Paris plusieurs de ces tombeaux antiques, & fit choisir les plus précieux par le travail & la matière; on en donna aussi au Duc de Savoie & au Prince de Lorraine.

On trouve dans les archives d'Arles, qu'en 1635 le Marquis de Saint-Chaumont, alors Lieutenant de Roi en Provence, pria les Consuls de cette ville de lui donner treize de ces tombeaux antiques, & qu'ils lui furent accordés. Ces mêmes archives portent qu'en 1640, on donna trois autres tombeaux à *Alphonse Duplessis*, Cardinal, Archevêque de Lyon, frère du Cardinal *Richelieu*; ces tombeaux furent transportés, aux dépens de la ville, à une maison de campagne de ce Cardinal.

L'église des *Minimes*, qui est bâtie sur le terrain des *Champs Elysées*, étoit autrefois un

---

l'article d'Aix, n'est pas de règle générale. On trouve dans nos églises des épitaphes de chrétiens, du siècle dernier, même de ce siècle-ci, qui commencent par cette formule payenne : *Diis Manibus.*

prieuré

prieuré dépendant de *Lerins* ; c'est un lieu vénérable par son ancienneté, & par les tombeaux des Saints qu'on y voit. Cette église fut bâtie au commencement du septième siècle par *Saint-Virgile*, Archevêque d'Arles, sous l'invocation de *Saint-Honorat*, un de ses prédécesseurs.

On y remarque deux anciennes chapelles qui subsistent encore aux deux côtés du maître-autel.

La chapelle de Notre-Dame de Grace est ornée d'une belle figure de la Vierge en marbre blanc. On prétend que cette chapelle est bâtie sur les fondemens de celle que *Saint-Trophime* avoit lui-même dédiée à la Vierge Marie pendant qu'elle vivoit encore (1). Le tombeau de Saint-Trophime sert d'autel à cette chapelle. Ce tombeau en pierre étoit sans ornemens ; mais les Minimes en ont fait incruster le devant en marbre blanc. C'est un bas-relief qui offre Jésus-Christ présentant d'une main l'évangile à *Geminus Paulus*, Gouverneur des Gaules, & de l'autre lui donnant sa bénédiction ; sujet fabuleux, & digne d'une imagination monacale.

Le maître-autel est également formé du tombeau de *Saint-Honorat*, dont cette église portoit le nom. Le corps du Saint n'est plus dans ce tombeau. En 1351, on en transféra

---

(1) Suivant la tradition de l'église d'Arles, *Saint-Trophime*, disciple de Saint-Paul, fut envoyé par Saint-Pierre dans cette ville, dont il devint le premier Evêque.

Partie I.   C

une partie à Toulon, & une autre partie fut, en 1391, portée à Lerins. Une balustrade dont le marbre est tiré des tombeaux antiques, ornée de bas-reliefs, forme le devant du maître-autel.

A une extrémité de cette balustrade est un escalier par lequel on descend aux *catacombes*, où les premiers chrétiens enterroient les corps des martyrs. Dans ce souterrain sont rangés plusieurs tombeaux de marbre, parmi lesquels il en est sept qui sont posés l'un sur l'autre. Le premier, qu'on croit celui de *Saint-Genest*, avoit auparavant été le tombeau d'un payen; c'est ce que prouve cette inscription latine qui y est gravée:

HYDRIAE TERTULAE. C. F. CONJUGI AMATISSIMAE,
ET AXIAE AELIANAE FILIAE DULCISSIMAE
TERENSIUS MUSEUS;
HOC SEPULCRUM POSUIT.

On croit que les six autres tombeaux sont ceux de *Saint-Hilaire*, de *Saint-Concorde*, de *Saint-Eone*, de *Saint-Virgile*, de *Saint-Roland* (ou du Paladin *Roland*), & d'une *Sainte-Dorothée*. On assure que dans le tombeau de Saint-Concorde il y a toujours de l'eau qui croît & qui décroît. Cette église contient une infinité d'inscriptions anciennes dont il seroit trop long de parler.

Les curieux de figures gothiques & singulières doivent aller voir le portail de *l'église Métropolitaine*. D'un côté, ces figures représentent le Paradis, de l'autre l'Enfer. Dans celui-ci, les péchés des mauvais chrétiens y font représentés avec cette naïveté autrefois énergique, mais aujourd'hui indécente.

Cette cathédrale, dédiée à Saint-Trophime & à Saint-Etienne, est très-vaste. Trois nefs & le chœur forment la division intérieure de cet édifice gothique, où l'on voit plusieurs tombeaux engagés dans le mur, la plupart avec leurs épitaphes.

Anecdote. L'abbaye de *Saint-Césaire*, fondée en 532 par le Saint qui en porte le nom, eut pour première Abbesse *Sainte-Césarée*, sœur du Fondateur. On y conserve avec respect le testament de ce Saint-Césaire, qui, dans des temps de calamité, se distingua par son zèle & son humilité; il employa les trésors de son église à nourrir les prisonniers que les Goths avoient mis dans Arles. Il fit fondre jusqu'aux calices & aux patènes. « Puisque Jésus-Christ, disoit il, a fait la cène dans un plat de terre, & non dans un vase d'argent, je peux bien vendre les vases de l'église pour faire vivre des hommes que Jésus-Christ a rachetés par sa propre vie ». Malheureusement un si bel exemple de charité & de désintéressement n'a pas trouvé beaucoup d'imitateurs dans les communautés ecclésiastiques (1).

____

(1) Saint-Césaire ne fut pas le premier à donner à l'église un semblable exemple. En 421, *Acace*, Evêque d'Amide, sur les frontières de la Perse, voyant que les Romains ne vouloient pas rendre sept mille prisonniers Persans qui périssoient de famine, dit à son Clergé assemblé : *Notre Dieu n'a besoin ni de plats ni de coupes, puisqu'il ne boit ni ne mange; employons les vases d'or & d'argent que nous avons reçus de la libéralité*

En fondant ce monastère de filles, Saint-Césaire composa une règle particulière, qui prouve que les Saints, tout comme les grands hommes, ne sont pas toujours, dans leur conduite, également respectables. Un article de cette règle ordonne que les Religieuses indociles seront punies par la discipline; & pour se conformer, y est-il dit, à la loi de Moïse, *on ne pourra leur donner que trente-neuf coups de fouet*, & ce châtiment doit s'exécuter *en présence de toute la communauté*, selon cette parole de l'Apôtre : *Châtiez publiquement ceux qui ont péché.*

Le même Saint a fait aussi les réglemens de l'abbaye de *Montmajor* (1), située à trois quarts de lieues de la ville d'Arles. Par le onzième article de ces réglemens, il condamne à la férule les Moines qui viennent tard à l'office, & celui qu'on a convaincu d'être menteur,

---

des Fidèles, à payer aux Romains la rançon des Persans captifs, à leur donner des vivres, & de quoi s'en retourner chez eux.

Les Ariens trouvant mauvais que Saint-Ambroise fît fondre les vases des églises pour en racheter des captifs, ce charitable Prélat répondit : *L'église n'a pas de l'or pour le garder, mais pour le distribuer & subvenir aux nécessités des malheureux.*

(1). On remarque, en passant, que cette abbaye de *Mont-Major* vaut trente mille livres de rente à son titulaire. Celle de *Saint-Césaire*, quinze à vingt mille livres, & une autre appelée *Sainte-Claire*, deux mille écus, tandis que les Curés du canton appelé *la Camargue*, qui sont les plus utiles & les plus respectables des Ecclésiastiques, se trouvent réduits à la portion congrue.

à être fouetté sans miséricorde avec la discipline, *disciplinam legitimam accipiat.*

PROMENADES. Les promenades d'Arles sont belles & très-fréquentées ; celle appelée *le Cours* est la plus agréable ; les dehors de la ville sont enchanteurs, on s'y promène à couvert sous de belles allées de mûriers d'Espagne ; l'œil y découvre des prairies riantes, des vergers arrosés par les eaux de la Durance ; les femmes d'Arles s'y montrent toujours avec avantage ; elles parurent même un peu coquettes à Bachaumont & à son compagnon la Chapelle, lorsqu'ils passèrent à Arles : « Nous les vîmes toutes au cours, où nous fûmes, disent-ils, faisant fort bien leur devoir avec quantité de Messieurs assez bien faits ; elles nous donnèrent lieu de les accoster, quoiqu'inconnus ; & sans vanité, nous pouvons dire qu'en deux heures de conversation nous avançâmes assez nos affaires, & que nous fîmes peut-être quelques jaloux, &c. »

COSTUMES. Les femmes portent autour du bras des anneaux d'or qui ressemblent aux bracelets des anciennes Romaines ; elles sont ordinairement couvertes d'un mantelet qui leur descend jusqu'à mi-jambe ; les hommes mettent sur la veste une camisole : c'étoit à peu près ainsi qu'étoient habillées, dans le onzième siècle, les personnes de l'un & l'autre sexe en Provence.

L'habillement le plus curieux, le plus leste, & celui qui paroît avoir le plus de rapport avec le costume des anciennes grecques, dit

M. Berenger (1), c'eſt la robe des femmes d'Arles, d'Avignon, & de preſque tout le Comtat. « Ces perrettes-là ſont d'une vivacité, d'une pétulance à déſoler. Laborieuſes, actives, gaies; une draperie lourde & embarraſſante ne ſauroit leur convenir; un jupon ſimple & court tombe à moitié ſur des jambes chauſſées de fins bas de ſoie blancs & de ſouliers ſans talons. Leurs boucles de ſouliers, de tout temps larges & grandes, comme celles que nous portons depuis une douzaine d'années, parent leurs pieds, & les font paroître plus petits. Une robe nommée *drolet*, de couleur noire (& blanche en été), laiſſe leurs bras preſque à nu, & careſſe leur taille, qu'elle deſſine avec le plus coquet avantage. Cette robe eſt partagée en quatre pointes, & ne deſcend que juſqu'au mollet; elle rappelle les ſtoles flottantes des Lacédémoniennes. De grands yeux noirs, des ſourcils bien arqués, des joues rondes & fraîches comme des pommes d'api, le plus joli ſourire du monde, & une prodigieuſe mobilité dans les muſcles du viſage.... Joignez un jargon d'une naïveté, d'une douceur infinie, des expreſſions careſſantes, un accent ſéducteur, l'uſage des diminutifs les plus mignards,... & voyez ſi c'eſt à tort que Vénus étoit anciennement la patronne des femmes d'Arles ».

USAGES. On exécutoit autrefois à Arles, dans les arènes, des combats de taureaux ſauvages, élevés dans l'île de la Camargue; ce ſpectacle

---

(1) Septième lettre des Soirées provençales.

barbare, toujours ensanglanté de sang humain, n'a été détruit que depuis peu de temps. On y voit encore des courses d'hommes & de chevaux, qui rappellent les anciennes mœurs.

ACADÉMIE. M. l'Abbé d'Expilli dit que Louis XIV, par lettres patentes de 1668, avoit établi à Arles une académie de beaux esprits, sous le titre *d'Académie royale.* Une particularité digne d'être remarquée, c'est que ce Roi voulut que cette académie fût composée de vingt gentilshommes originaires & habitans de la ville d'Arles. Quelque temps après, Louis XIV fit de nouveaux réglemens pour cette société, & l'augmenta de dix membres. Cette académie de gentilshommes s'est maintenue quelque temps; mais la guerre que ce Roi fut obligé de soutenir pour la succession d'Espagne, ayant distrait des occupations littéraires la plupart de la noblesse d'Arles; ces assemblées devinrent insensiblement moins nombreuses, enfin elles cessèrent entièrement (1).

HOMMES celèbres. La ville d'Arles se glorifie de plusieurs savans & éloquens personnages, tels que *Jean-Joseph Maure*, Oratorien,

___

(1) M. *Robert de Hesseln*, qui a réduit les six volumes *in-folio* du Dictionnaire de M. *l'Abbé d'Expilly* en six volumes *in-8°*, a parlé de l'établissement de cette académie, sans faire mention de sa chute; de sorte qu'il donnoit à penser que cette académie de gentilshommes existoit encore; ce qui a occasionné des réclamations peu avantageuses à ce singulier établissement. Voyez *Soirées provençales*, tome I, lettre sixième.

C iv

& Prédicateur de Louis XIV ; *Jean-Antoine Barras de la Penne*, Commandeur de l'Ordre royal & militaire de Saint-Louis, Auteur de plusieurs Mémoires historiques & critiques sur les divers ordres des rames des anciens, &c.

Parmi les guerriers que cette ville a produits, il faut distinguer le brave *Porcellet*. En 1193, il suivit à la chasse, avec cinq autres gentilshommes, *Richard Cœur de lion*, lorsqu'il étoit en Palestine. Ils furent tout à-coup investis par plusieurs Sarrasins qui tombèrent sur eux le sabre à la main. Le Roi & ses six gentilshommes se défendirent vigoureusement pendant quelque temps, mais quatre d'entre eux furent bientôt tués ou mis hors de combat. Le Roi étoit sur le point de perdre la vie ou sa liberté, lorsque *Porcellet*, faisant encore des prodiges de valeur, s'écria en langue sarrasine : *Je suis le Roi*. Aussi-tôt les Sarrasins, qui combattoient contre Richard, abandonnent ce Prince, & croyant que *Porcellet* étoit réellement le Roi, ils vont tous à lui, l'entourent, & se saisissent de sa personne sans lui faire aucun mal, dans l'espoir de participer à sa rançon. Cette méprise donna le temps à Richard de se sauver, & quand il fut en lieu de sûreté, il se hâta de retirer des mains des barbares l'homme généreux auquel il devoit sa liberté ou sa vie. Il envoya pour la rançon de *Porcellet* les dix plus puissans Satrapes qu'il eût parmi ses prisonniers.

ENVIRONS D'ARLES. Les amateurs de paysages & de vues fraîches & pittoresques doivent aller sur la hauteur qu'on appelle *des Mulaires* ou *des Moulins*. On découvre de là, d'abord la ville d'Arles, dont le Rhône baigne les murs & parcourt le terroir ; plus loin, les villes de Beaucaire, de Tarascon ; par-tout une foule de villages semés au milieu de verdoyantes prairies, & des bois dont les massifs coupent l'uniformité *du plan*. Vers le midi, le fleuve ouvre ses bras d'argent, & laisse voir des îles longues & couronnées de saules, puis rassemblant ses eaux au dessus de leurs pointes, il se divise encore, & court, en deux immenses canaux, se jeter à la mer. *Soirées provençales.*

Le terroir d'Arles, dit M. l'Abbé Papon, nourrit quatre cents cinquante mille moutons ou brebis ; on en mène tous les ans trois cent mille sur les Alpes, pour les faire paître ; dans ce voyage, chaque bête coûte au propriétaire vingt-quatre à vingt-cinq sous ; ce qui fait en tout trois cent soixante-quinze mille livres. Ces trois cent mille brebis sont conduites par un nombre suffisant de Bergers, sous l'inspection de plusieurs *Bailes* à qui les propriétaires donnent leur confiance pour tout ce qui regarde l'administration générale des troupeaux.

Les cantons remarquables aux environs d'Arles sont, *la Crau, le Plan du bourg*, & *la Camargue*.

LA CRAU. La Crau est une vaste campagne de sept à huit lieues de circuit, toute couverte de cailloux roulés ; ce qui a fait dire à Bachaumont & la Chapelle : *Nous traversâmes avec bien de la peine*

> La vaste & pierreuse campagne,
> Couverte encor de ces cailloux
> Qu'un Prince, revenant d'Espagne,
> Y fit pleuvoir dans son courroux.

La fosse, Craponne. Une partie de cette plaine caillouteuse doit sa fertilité actuelle au *canal de Craponne*, qui fut creusé en 1558 par *Adam de Craponne*, gentilhomme de Salon. Ce canal, après avoir arrosé les territoires de Cabanes & de Noves, traverse sur un aqueduc le terroir d'Arles, & vient aboutir dans le Rhône à un quart de lieue de cette ville. Ce qui paroît assez curieux, c'est de voir qu'au dessus de ce canal d'arrosage, à l'endroit de l'aqueduc, passe un autre canal pour l'écoulement des eaux du pays.

Entre les cailloux, dont la plus grande partie de la Crau est couverte, il croît une herbe fine & savoureuse. Les moutons écartent avec le museau les pierres, & mangent avec avidité cette herbe qu'ils aiment beaucoup, & qui donne à leur chair un goût extrêmement délicat.

L'origine de ce vaste terrain, couvert de cailloux, a exercé l'imagination des anciens & des modernes. Le Poëte *Eschile*, qui vivoit plus de cinq cents ans avant notre ère, disoit dans une de ses Tragédies, que Jupiter avoit fait pleuvoir ces pierres pour fournir des armes à

Hercule, lorsque ce héros eut épuisé tous ses traits en combattant contre les Liguriens. Aristote attribuoit ces cailloux à un tremblement de terre qui les avoient détachés de quelque montagne voisine; Possidonius, au limon déposé par un lac. Des modernes prétendent qu'ils ont été roulés par la mer. M. l'Abbé Papon, qui semble avoir approfondi cette matière, n'est point de ce dernier sentiment; il pense que la Méditerranée, qui n'a ni flux ni reflux, n'a pu transporter de son sein cette immense quantité de cailloux dans un seul endroit de la côte, d'autant plus qu'il n'existe aucune cause qui détermine le courant vers cet endroit plutôt que vers un autre. Mais d'où ces cailloux ont-ils été apportés ? ont-ils été formés par les dépôts de la mer, ou chariés par quelques rivière ? M. l'Abbé Papon, contre les idées généralement reçues, soutient cette dernière hypothèse.

Ces cailloux, dit-il, sont en général d'une médiocre grosseur: les uns remplissent la main, les autres peuvent être poussés assez loin par la force du bras. Ils sont lisses, & cette qualité prouve qu'ils ont été long-temps roulés par les eaux d'une rivière; ils sont la plupart cuivreux & ferrugineux; & de là on doit conclure que cette rivière avoit sa source dans des montagnes plus hautes & plus éloignées que celles qui bordent *la Crau* au nord, où l'on ne découvre aucun de ces minéraux; enfin ces cailloux sont parfaitement semblables à ceux de la Durance. C'est un fait qui résulte de leur comparaison, & qui est démontré par les grès, les quartz, les granits, les serpentines & les variolites que j'ai découverts dans *la Crau*; toutes ces espèces sont les mêmes qu'on trouve tout le long de la Durance, au dessus & au dessous de Sisteron; les variolites ne se rencontrent que dans le lit de la Durance. Nous pouvons donc assurer, continue l'historien de la Provence, que cette rivière les a roulés, & qu'elle a coulé durant plusieurs siècles dans cette vaste plaine, où il est probable qu'elle entroit par le terroir de Lamanon, passant au même détroit à peu près où passe le canal de Craponne. Car en cet endroit on trouve un pied de terre végétale, mêlée de cailloux roulés; au dessous un banc de pouding de quatre, cinq, & six pieds; ensuite le gravier de la Durance, qui forme une couche de même epaisseur; enfin le rocher, qui est de la même qualité que la montagne de Lamanon, & que celle du Défens d'Alen : ces faits réunis ne prouvent-ils pas que la Durance entroit dans la Crau par cette gorge?

M. l'Abbé Papon répond d'une manière satisfaisante aux objections qu'on pourroit lui faire, & de son système il tire la conséquence que, dans les premiers siècles qui suivirent immédiatement la création, il n'y avoit point de mer Méditerranée; que le terrain qu'elle occupe en Provence alloit en pente jusqu'à un lac formé par les eaux du Rhône & des autres rivières qui s'y déchargent; & que la Durance, bien loin d'être à son embouchure quand elle traversoit la plaine de la Crau, n'étoit peut-être encore qu'à la moitié de son cours; &

voilà pourquoi, conclut cet Historien, elle y charioit une si grande quantité de cailloux.

M. l'Abbé Papon conjecture encore que le terrain de *la Crau* a formé autrefois un cap entre deux golfes, dont l'un a pu être comblé par les sables du Rhône, & l'autre se trouve à présent réduit à l'étang de *Berre*.

Les Lecteurs curieux d'approfondir cette matière doivent consulter, dans l'ouvrage même de M. l'Abbé Papon, les preuves de son système, dont je ne donne ici qu'une analyse succincte, mais déjà trop longue pour les bornes de cette Description. Si je me suis un peu écarté de ces bornes, c'est en faveur d'un objet curieux, qui peut ajouter aux connoissances de l'Histoire naturelle & de la Géographie, & qui est une preuve sensible, comme l'exprime cet Auteur, de la révolution la plus étonnante qu'il y ait eue, je ne dis pas en Provence, mais dans la plus grande partie de l'Europe.

Le Plan du bourg. Le Plan du bourg est une plaine longue, mais resserée, qui s'étend entre le Rhône & la Crau, depuis Arles jusqu'à la mer, l'espace de cinq ou six lieues; ce quartier est très-fertile sur-tout en pâturage; mais il est sujet à être inondé. Cependant ce terrain est très-bien cultivé, & peuplé surtout de belles maisons de campagne, le Plan du bourg est traversé dans toute sa longueur par deux canaux parallèles ensemble, & qui le sont aussi au Rhône. Ces canaux servent à l'écoulement des eaux qui viennent de différens marais des environs.

La Camargue. La Camargue est une île

considérable, formée par deux bras du Rhône & par la mer ; elle est triangulaire, & peut se comparer, relativement à sa figure & à sa nature, au *Delta* formé par les bras du Nil.

Cette île, qui peut avoir environ vingt-cinq ou vingt-sept lieues carrées en surface, commence vis-à-vis la ville d'Arles, au bourg de Trinquetaille. Son terrain est un des plus fertiles de France ; il abonde en pâturages, en gibiers & en blé ; on y recueille même du vin, mais il n'est pas délicat ; on y élève une grande quantité de chevaux, de jumens, & de bêtes à cornes. Pendant toute l'année on laisse paître ces animaux en toute liberté dans les campagnes & dans les marais. Les bœufs ainsi abandonnés y deviennent sauvages, au point qu'on a beaucoup de peine à les soumettre au joug ; il faut également user d'adresse & de force pour les saisir & les amener, encore cette expédition est souvent dangereuse pour les Bergers qui l'exécutent.

Les chevaux qu'on nourrit à la Camargue sont plus légers à la course, & beaucoup plus forts que les autres chevaux du royaume ; mais ils sont, comme les bœufs, ombrageux & sauvages.

A la pointe septentrionale de la Camargue, à une lieue d'Arles, on trouve une carrière de terre falunaire toute remplie de débris de coquillages marins.

On doit sur-tout remarquer les progrès que les atterrissemens du Rhône ont faits vers son embouchure ; les sables qui s'amoncèlent successivement, font présager que dans quelques siècles la plage de *Fos* & l'étang de *Berre* seront assez desséchés pour devenir labourables. La tour des *Tignaux*, qui fut construite en 1737 sur les bords de la mer, en est déjà éloignée d'environ une lieue.

Les vastes marais, les nombreux canaux qui se trouvent dans ces quartiers, en rendent, en été, le séjour très-mal sain.

SALON.

Petite ville dans une plaine agréable, arrosée par un bras de la Durance, qu'on appelle la fosse Craponne (1), à cinq lieues & demie d'Aix, à sept & demie d'Arles. On croit qu'elle fut bâtie sur les débris d'une ville qui subsistoit du temps des Romains; plusieurs inscriptions romaines qu'on y a trouvées accréditent cette opinion.

CURIOSITÉS. Salon a vu naître les aïeux de M. le *Bailli de Suffren.* Glorieux de cet honneur, les habitans, pour rendre hommage à ce héros, & pour éternifer l'admiration qu'il leur inspire, ont, après son retour de l'Inde, placé dans l'hôtel de ville son buste en marbre, qu'ils ont fait exécuter par M. *Foucou*, Sculpteur de l'Académie, avec l'inscription suivante :

« PIERRE-ANDRÉ DE SUFFREN-SAINT-
» TROPEZ, Grand-Croix de l'ordre de Saint-
» Jean de Jérusalem, capitaine des vaisseaux
» du Roi, sort de Brest le 22 mars 1781, sauve

---

(1) Voyez Arles, p. 42, où il est parlé de la Fosse Craponne.

» le Cap de Bonne-Espérance, livre plusieurs
» combats dans les mers de l'Inde; souvent
» vainqueur, jamais vaincu, même avec des
» forces inférieures, fait respecter les armes
» de la France, protège ses alliés, prend
» Trinquemale, délivre Gaudeleur, répare,
» approvisionne ses vaisseaux, sans autre res-
» source que son génie : rappelé par la paix,
» arrive à Toulon le 1.. mars 1784, reçoit de
» la Nation de justes éloges, du Roi, le grade
» de vice-amiral & le ... de ses ordres».

» *La ville de Salon, berceau de ses an-*
» *cêtres, lui a consacré ce monument* ».

Une autre espèce de célébrité, moins réelle, que la ville de Salon peut s'attribuer, c'est d'avoir été le séjour du fameux Prophète *Michel Nostradamus*, & de posséder son tombeau qui se trouve dans l'église des Cordeliers, en entrant par la porte du cloître, à main-droite contre la muraille. Ce tombeau est carré, & fait au devant du mur une saillie d'un pied. Le dessus est en forme de talus; on y voit son portrait qui le représente tel qu'il étoit à l'âge de soixante-deux ans, avec son blason & celui de sa femme; sur une pierre est gravée cette épitaphe :

D. M. ossa clarissimi Michaelis Nostradami, unius omnium mortalium judicio digni, cujus pené divino calamo totius orbis ex astrorum fluxu futuri eventus conscriberentur. Vixit annos LXII. menses VI. dies X. Obiit Salonae, MDLXVI. Quietem
posteri

posteri ne invidete. Anna Pontia Gemella Salonia conjux opt. V. F.

En françois :

« Ici reposent les os de l'illustre *Michel Nostradamus*, de qui la plume presque divine fut seule, au jugement de tous les hommes, digne d'écrire, selon la direction des astres, tous les événemens qui arriveront dans l'Univers. Il a vécu soixante-deux ans, six mois, dix jours, & il est mort à *Salon* l'an 1566. Postérité, ne lui enviez pas son repos ! Sa femme, *Anne Ponce Gemelle* de Salon, lui souhaite la véritable félicité ».

Michel Nostradamus naquit à Saint-Remi en Provence (voyez Saint-Remi) ; il eut deux fils, *César* & *Michel* ; le premier est Auteur de quelques poésies, & d'une *Histoire & Chronique de Provence*, plus estimée par les recherches que par le style. Le second embrassa le métier d'Astrologue comme son père, fit imprimer un Almanach prophétique pour l'année 1568, & mourut victime de ses talens (1).

---

(1) Etant au siége du Pouzin, en 1574, le Capitaine *d'Espinai de Saint-Luc*, lui demanda qu'elle seroit l'issue de cette guerre ? Nostradamus répondit : *Que la ville seroit brûlée*, & pour faire réussir sa prédiction, il y mettoit lui-même le feu. *Saint Luc* s'aperçut de son projet, & en fut tellement indigné, qu'il le fit périr sous les pieds de son cheval.

Partie I.　　　　　　　　　　D.

DESCRIPTION

NOSTRADAMUS. *Michel Nostradamus* eut une réputation plus solide & plus étendue que ses fils. Après avoir été reçu docteur en Médecine à Montpellier, il parcourut la France, revint en Provence, & obtint une pension de la ville d'Aix, qu'il avoit secourue dans un temps de contagion ; il se fixa dans la ville de Salon, s'y maria pour la seconde fois, & se livra tout entier à l'étude de l'Astrologie. Bientôt il prophétisa, & publia ses prédictions dans des quatrains rimés, divisés en *centuries*. Le succès de ce premier ouvrage l'encouragea à en publier un second du même genre en 1558, contenant la huitième, la neuvième, & la dixième *centuries*, qu'il dédia au Roi de France Henri II ; c'étoit alors le règne de l'Astrologie judiciaire. *Catherine de Médicis* étoit fort entêtée de cette science, les plus raisonnables y ajoutoient foi ; on vit dans ce temps-là jusqu'à trente mille astrologues à Paris.

La réputation de Nostradamus étoit déjà répandue ; on voulut le voir à la Cour, on le combla de récompenses, & le Roi l'envoya à Blois pour tirer l'horoscope des jeunes Princes. Après bien des honneurs, il se retira à Salon, où il en reçut d'autres encore par la visite d'*Emmanuel*, Duc de Savoie ; de la Princesse *Marguerite*, sa femme, & quelque temps après, de Charles IX. Ce Monarque lui fit donner deux cents écus d'or & un brevet de Médecin ordinaire du Roi, avec des appointemens. Le Poëte *Jodelle* n'étoit point le partisan de *Nostradamus*; il composa contre lui ces deux vers satiriques, dans lesquels il fait parler ce Prophète :

Nostradamus cùm falsa damus, nam fallere nostrum est;
Et cùm falsa damus, nil nisi Nostradamus.

Cet homme extraordinaire pour son temps, mourut à Salon le 2 juillet 1566, avec les sentimens d'un chrétien, & il disposa lui-même, un soir avant sa mort, tous les préparatifs de ses funérailles.

Gassendi rapporte dans le premier volume de sa Physique, que, dans un voyage qu'il fit à Salon en 1683, *Jean-Baptiste Suffren*, juge de cette ville, lui communiqua l'horoscope d'*Antoine Suffren*, son père. Cet horoscope étoit écrit de la propre main de *Nostradamus*. Charmé de cette découverte, le philosophe voulut examiner cette pièce; il interrogea *Suffren* sur les circonstances de la vie de son père, & elles se trouvèrent précisément toutes contraires aux prédictions de l'Astrologue (1).

---

(1) On lisoit dans cet horoscope qu'*Antoine Suffren* porteroit une longue barbe & fort crêpée, & il fut toujours rasé; qu'il auroit les dents mal propres & rongées par la rouille, & il les eut jusqu'à sa mort très-blanches; que dans sa vieillesse il seroit courbé, & au contraire il porta toujours son corps fort droit; qu'à sa dix-neuvième année il auroit une succession étrangère, & il n'eut jamais que celle de son père; que ses frères lui dresseroient des embuches, & que dans sa trente-septième année il seroit blessé par ses frères utérins; mais il n'eut jamais de frères, & son père n'eut qu'une femme; qu'il mourroit en 1618, & cependant il mourut l'an 1597, &c., &c.

Ces vérités ne suffirent pas pour détruire la réputation que Nostradamus s'étoit faite dans l'esprit des gens crédules ; une aventure extraordinaire qui se passa en 1697, en est la preuve.

ANECDOTES. Un spectre, celui de Nostradamus, apparut à un habitant de Salon, & lui fit promettre, sous peine de mort, de ne parler à personne de ce qu'il alloit lui dire. L'homme promit en tremblant, & le spectre lui ordonna d'aller trouver l'Intendant de Provence, de lui demander des lettres pour qu'il pût parler à Louis XIV ; il ajouta que lorsqu'il seroit auprès de ce Roi, il lui apparoîtroit une seconde fois pour lui apprendre ce qu'il devoit lui dire. Cet homme ne put garder le secret de cette apparition ; & cédant enfin aux pressantes sollicitations de sa femme, il lui conta son aventure, & il mourut subitement.

Quelque temps après, le spectre apparut à un autre habitant de la même ville ; il lui tint à peu près le même discours, & sur-tout il exigea le plus grand secret. L'habitant crut cependant pouvoir conter la chose à son Curé : mais cette indiscrétion lui coûta la vie. Le bruit de sa mort & des circonstances qui l'avoient précédée, rappela le premier événement, & se répandit dans la ville & dans les environs.

Enfin le spectre apparut à un troisième habitant, nommé *François Michel*, Maréchal-ferrant, dont la maison étoit voisine de celles des deux hommes morts subitement. Le Maréchal, effrayé de la vue & du discours du spectre, promit de lui obéir en tout point : en conséquence il fut trouver l'Intendant de Provence, demanda à lui parler en particulier, & lui dit qu'un spectre lui étoit apparu, qu'il lui avoit ordonné de venir le trouver, & de lui demander une lettre qui pût lui faire obtenir une audience du Roi.

L'Intendant reçut fort mal le Visionnaire, & le renvoya comme un extravagant ; cependant il voulut prendre des informations, & écrivit au Lieutenant Général de Salon. Cet Officier fit des recherches, & répondit que tout ce qu'on lui avoit raconté du spectre étoit véritable : alors l'Intendant prit le parti d'écrire au Marquis de *Barbesieux*, qui étoit alors Secretaire d'Etat de Provence ; & pour ne pas mériter le reproche d'une trop grande crédulité, il lui envoya les informations faites sur les lieux par le juge de Salon. M. de *Barbesieux* en parla à Louis XIV ; & d'après la réponse de ce Roi, il écrivit à l'Intendant de Provence d'envoyer à Versailles le Visionnaire *Michel*.

Enfin cet homme arrive à Versailles. La première nuit de son arrivée, le spectre lui apparut comme lui avoit promis, lui conta tout ce qu'il avoit à dire au Roi, & lui fit défenses d'en parler jamais à d'autres personnes.

Le lendemain matin, *Michel* fut trouver le Marquis de *Barbesieux*, & lui remit la lettre de l'Intendant. Après quelques difficultés, il fut introduit secretement chez le Roi. On ignore quelles furent les choses intéressantes que cet homme dit en cette occasion; ce qu'il y a de certain, c'est que Sa Majesté consentit qu'il vînt publiquement prendre congé d'Elle. Le Duc de Duras, Capitaine des Gardes, dit alors: *Sire, si vous ne m'aviez pas ordonné de laisser approcher cet homme de votre personne, je me serois bien gardé de le faire, parce qu'il est fou assurément, ou Votre Majesté n'est pas noble.* Le Roi lui répondit qu'il faisoit là un méchant jugement de son prochain, & qu'il étoit plus sage qu'il ne pensoit.

L'inspiré, après avoir reçu des récompenses & une exemption de tailles & d'autres impositions, fut renvoyé à Salon. Cette aventure mystérieuse, rapportée par plusieurs Historiens, devint le sujet de toutes les conversations; on fit bien des conjectures sur ce que cet homme avoit pu dire au Roi; mais le secret en fut bien gardé.

A I X.

ORIGINE. Capitale de la Provence, avec Parlement, Archevêché, Université, &c. *Caïus Sextius Calvinus*, Général Romain, envoyé l'an de Rome 626, & 123 ans avant Jésus-Christ, pour défendre les habitans de Marseille contre les incursions des Gaulois, fonda cette ville, qui fut nommée en latin *Aquæ-Sextiæ*; *aquæ*, à cause de ses eaux thermales, & *Sextiæ*, de *Sextius*, Fondateur.

HISTOIRE. Tour à tour prise ou ruinée par les Visigots, les François, les Sarrasins, &c; elle a triomphé du temps & des événemens,

& si elle n'est pas au rang des villes les plus grandes & les plus peuplées de France, on peut la regarder comme une des plus jolies.

Alphonse II, Roi d'Aragon, fut le premier Comte qui fit sa résidence à Aix. Protecteur de la Poésie & des Poëtes nommés *Troubadours*, il fit des vers, chanta ses amours, & introduisit en Provence cette galanterie délicate, qui, suivant l'expression des Troubadours, *animoit les Chevaliers à la gloire & les Dames à la vertu*

Raimond Berenger IV, & *Béatrix de Savoie*, sa femme, portèrent encore plus loin ces mœurs chevaleresques, où l'imagination prêtoit aux vertus des charmes que la raison seule n'y sauroit trouver. Les questions galantes, les cours d'amour, les différens tournois, les spectacles, les fêtes où la folie & la piété étoient confondues, furent célèbres dans la ville d'Aix, & sur-tout sous le règne du *bon Roi René*, dont le souvenir est encore cher aux Provençaux (1).

USAGES. Ce Prince cultiva les Beaux-Arts avec un succès distingué pour son temps, &

___

(1) La postérité, qui refuse presque toujours les titres louangeurs que la bassesse & l'intérêt des courtisans ont accordés à leurs Princes, n'a point réclamé contre le titre de *bon* qu'avoit reçu le Roi René. « Il traitoit ses sujets en pasteur & en père, dit l'Auteur de sa vie ; & en effet, on a remarqué que quand les trésoriers lui portoient la taille, il s'informoit particulièrement de la fertilité ou de la stérilité de la saison, & lorsque le vent de bise avoit quelquefois soufflé, il en quittoit la moitié, & quelquefois le tout ».

institua, en 1462, la fameuse procession de la Fête-Dieu, qui s'exécute encore tous les ans avec tout son spectacle. On a fait un volume de deux cent vingt pages pour en expliquer les cérémonies : je vais en donner la substance.

Après que les principaux personnages qui doivent présider à cette fête, ont été nommés, comme *le Prince d'Amour*, *l'Abbé de la ville*, *le Roi de la Basoche*, & leurs *Lieutenans* ; après que les rôles sont essayés, la marche est ouverte par *les diables*, dont les jeux sont divisés en grands & en petits. Dans le grand jeu on voit douze diables armés de fourches harcelant, & tourmentant le Roi *Hérodes* qui se défend, comme il peut, avec son sceptre (1).

Le petit jeu des diables est figuré par un enfant en corset blanc, les bras & les jambes nus représentant une *petite ame*, tenant une croix que soutient aussi un Ange orné de ses aîles. Quatre diables noirs & rouges, cornus, entourés de sonnettes, armés de fourches, poursuivent & frappent l'ame & l'Ange, qui ont toujours le dos cuirassé d'un coussin, avec une plaque de fer par dessus, pour être insensibles aux

---

(1) On a tout lieu de croire que le bon Roi René a voulu imiter, dans cette procession, les spectacles qu'on appeloit autrefois *Entremets*, qui étoient en usage, & fort goûtés dans les cours des Souverains. On voit qu'il la voulu donner à ce divertissement un air religieux, sans rien diminuer de ce qu'il pouvoit avoir de piquant. Cette cérémonie, qu'on ne croiroit aujourd'hui que singulière, est utile par le concours prodigieux d'Etrangers qu'elle attire chaque année depuis le lundi de la Pentecôte jusqu'au samedi après la Fête-Dieu.

coups de massue que ces diables leur donnent. Au troisième coup le jeu finit ; l'Ange & la petite ame sautent de satisfaction d'avoir empêché les diables d'emporter la croix.

Il faut observer qu'avant de faire leurs jeux, ces diables vont entendre la messe dans l'eglise de St. Sauveur ; après laquelle ils s'approchent tous du bénitier, & jettent eux-mêmes de l'eau bénite sur leur tétière (1), qui est la vaste & hideuse enveloppe de leur tête. Cette cérémonie est accompagnée de plusieurs signes de croix ; elle a été prudemment imaginée pour empêcher que les vrais diables ne se mêlent parmi eux, & qu'en se comptant, ils ne se trouvent un de plus, comme cela est arrivé il y a bien long-temps.

La troisième scène est appelée *le jeu du Chat* ; c'est proprement l'adoration du veau d'or. On voit Moïse tenant les tables de la loi & une baguette ; il a une tétière à barbe vénérable, & sur le front, les deux rayons qui le caractérisent. Le grand Prêtre, qui est à côté de lui, a la tête surmontée d'une thiare, & le costume ordinaire avec le pectoral. Trois ou quatre Juifs couverts de manteaux noirs, ayant des tétières très-difformes, représentent les Israélites ; l'un porte le veau d'or au bout d'un bâton qu'il fait tourner, un autre tient un chat,

---

(1) Presque tous les acteurs de cette fête ont la tête enveloppée d'un masque relatif à leurs rôles ; après les jeux ils quittent souvent leurs *tétières* qui les gênent, & s'en servent pour recevoir l'argent qu'ils sont accoutumés de quêter aux spectateurs.

le jette en l'air auſſi haut qu'il peut, & le rattrape toujours adroitement. Ces Juifs paſſent enſuite en courant autour du grand Prêtre & de Moïſe, & font avec la main un ſigne de mépris, en criant : *Ou hou ! Ou hou !*

La Reine de Saba, richement vêtue, la tête couverte d'une couronne rayonnante, accompagnée de trois dames portant chacune une coupe d'argent, & de deux hommes, s'en va viſiter le Roi Salomon. Un de ces hommes eſt un danſeur qui tient une épée nue. Au bout de cette épée eſt un petit château peint, orné de trois girouettes en clinquant.

Un Ménétrier joue un air que l'on dit avoir été compoſé par le Roi *René* ; alors le porteur du château danſe devant la Reine, qui met ſes deux mains ſur ſes hanches, & ſuit, par ſes mouvemens, la meſure de l'air, ſans bouger de la place ; lorſque, pour ſaluer la Reine, le danſeur baiſſe le château qui eſt à la pointe de ſon épée, cette majeſté lui rend auſſi-tôt un grand ſalut.

Après le troiſième ſalut, les trois Dames d'atours prennent la place du danſeur, & forment entre elles une danſe ſur le même air, dont la Reine de Saba ſuit toujours la cadence par ſes mouvemens.

La belle étoile. Un homme en longue robe blanche porte une grande étoile au bout d'un long bâton. Les trois Mages viennent enſuite en habits de diverſes couleurs, portant chacun un eſpèce de vaſe qui déſigne les préſens de myrrhe, d'or & d'encens ; ils ſont ſuivis chacun d'un Page en habit bigarré, & coiffés de bonnets en forme de pain de sucre.

Lorsque le jeu s'exécute, le porteur de la belle étoile se tourne du côté des Rois, fait aller l'étoile deux ou trois fois à droite ou à gauche. Les Rois & leurs Pages suivent exactement ses mouvemens, & s'arrêtent comme elle; le Page le plus voisin de l'étoile, vient la saluer en dandinant sur l'un & l'autre pied successivement; après quatre ou cinq pas, il fait un grand salut, il se retourne, & pour amuser le peuple, il exécute une polissonnerie nommée un *Réguineou* (1), puis il se présente devant le Roi son maître, qui reçoit de la même manière le salut des trois Pages, & finit par donner sa bénédiction à la troupe.

Le jeu des *Tirassouns*, ou de ceux qui se traînent par terre, représente le massacre des innocens. Le Roi Hérodes, accompagné d'un tambour, d'un porte-enseigne, & d'un fusilier, ordonne le massacre, qui consiste à faire courir en cercle sept à huit petits enfans criant d'un air effrayé; le fusilier lâche un coup de fusil; les enfans tombent, se traînent, & se roulent pêle-mêle, souvent dans le ruisseau, ce qui est fort divertissant pour le peuple. Le Roi Hérodes n'est pas le seul qui préside au

---

(1) Cette polissonnerie consiste dans un mouvement vif des fesses à droite & à gauche, exécuté par ces Pages en faisant leur dernier salut. Ceux qui montrent le plus de talens dans cette occasion, sont sûrs de faire une quête plus abondante; le peuple s'amuse beaucoup de ces mouvemens-là.

jeu; on y voit aussi Moïse avec les tables de la loi. Ces enfans, vêtus d'une chemise de toile écrue, sont toujours choisis parmi les plus distingués polissons de la ville.

Les Apôtres forment la scène suivante. Judas tenant la bourse des trente deniers, & Saint Paul, une longue épée à la main, ouvrent la marche; après suivent deux files formées par les autres Apôtres & Evangélistes, & terminées par *Jésus-Christ* traînant une grande croix; il est vêtu d'une robe longue, avec une ceinture de cordes, & son visage est ensanglanté.

Les Apôtres sont tous en dalmatiques, & tiennent chacun à la main un long morceau de bois plat, sur lequel est écrit chaque article du symbole. Ils sont tous caractérisés par leurs attributs; Saint Pierre porte des clefs, Saint Jacques des coquilles de Pélerins, Saint André sa croix; mais ce qu'il y a de remarquable, c'est que Saint Luc figure avec la tête d'un bœuf, & Saint Marc avec celle d'un lion, &c.

Quand le jeu s'exécute, Judas passe rapidement devant les Apôtres & les Evangélistes rangés en deux haies; il fuit devant Saint Paul qui le menace de son épée, & va faire deux ou trois fois le tour de Jésus-Christ, en lui montrant sa bourse; puis il lui donne le baiser, & repasse devant les Apôtres, qui tous le frappent à la tête du morceau de bois qu'ils portent. Saint Siméon, en mitre & en chappe, portant de la main gauche un panier plein d'œufs, donne généreusement ses bénédictions à tout le monde.

Les chevaux frux, *frisques* ou *fringans* rappellent les cavalcades qu'on voit à Paris dans les pantomimes d'Audinot; huit ou dix jeunes gens ont chacun le corps dans un cheval en carton, qui est fixé au dessus de leurs hanches; une espèce de caparaçon descend des flancs du cheval jusqu'à terre, pour cacher les jambes du Cavalier qui, d'une main tient la bride, de l'autre un fouet, & par le mouvement de ses hanches, donne au cheval de carton les mouvemens d'un cheval naturel; ils forment ensemble une danse dont l'air est attribué au Roi René.

Les danseurs viennent ensuite; ils sont galamment vêtus : un habit blanc, orné de rubans, un casque brillant de pierreries & ombragé de longues plumes de différentes couleurs, des jarretières garnies de grelots, à la main une baguette au bout de laquelle sont encore des rubans, ajoutez à tout cela un scapulaire, & voilà le costume de ces danseurs, dont les pas se terminent toujours par un rigaudon.

Les *Razcassetos* (1), c'est le jeu des lépreux de l'Evangile. Ceux qui sont chargés de ces rôles,

---

(1) On croit ce mot composé de *Carces*, nom d'un Comte qui étoit Sénéchal de la Provence & qui ravagea tout le pays, & de *Razath* qui signifie rasé ou dépouillé de biens, comme le furent en cette occasion le Provenceaux. Les Razars & les Carcistes formèrent ensuite deux partis qui se firent la guerre, & ruinèrent la province. C'est sans doute pour faire à la fois allusion aux lépreux de l'évangile, & à l'extrême misère causée par cette guerre civile, qu'on représente ici des hommes pauvres, teigneux, & qui se battent.

sont vêtus de deux tabliers à frange, dont on se sert pour couvrir le poitrail des mulets, & portent en sautoir deux bandoulieres de grelots. Trois ont chacun une têtière sans cheveux. L'un porte un grand peigne, l'autre une brosse, & le troisième des ciseaux de tondeur; le quatrième *Razcassero*, qui a sur sa têtière une mauvaise perruque, évite autant qu'il peut ses trois compagnons, qui le poursuivent pour lui peigner, lui brosser, & lui couper les cheveux de la perruque.

Saint Christophe vient après; c'est une figure colossale formée de cerceaux, revêtue d'une longue robe blanche, & dont les bras sont en croix. Sur le bras droit est un Enfant Jésus; une tête à longue barbe est placée au dessus; dans l'intérieur de la figure, est un homme qui la porte, & la fait saluer le plus poliment qu'il peut ceux qui donnent à son quêteur (1).

La mort finit tristement la fête; elle est représentée par un homme vêtu d'un habit noir, sur lequel sont figurés les ossemens d'un squelette humain; il tient une faux dont il effleure à droite & à gauche le pavé, en s'approchant des pieds des spectateurs, qui, pour se débarrasser de cette figure hideuse & inquiétante, donnent bien vîte de l'argent à son quêteur.

Cette procession allégorique est accompagnée, & précédée ou suivie de plusieurs autres cérémonies, qui, comme elle, forment autant de spectacles.

---

(1) Ceux qui ne peuvent eux-mêmes demander de l'argent aux spectateurs, ont des quêteurs qui les suivent.

La veille de la Fête-Dieu, on exécute un pas d'armes, appelé *la Passade*, qui rappelle les exercices des anciens tournois.

Le même jour, à dix heures du soir, on exécute une autre cérémonie appelée *le Guet* (1), que le bon Roi *René* a imitée des fêtes nocturnes célébrées par les anciens Grecs & Romains. On croit que cette cérémonie, où paroissent tous les Dieux du Paganisme avec leurs attributs, est pratiquée dans les ténèbres de la nuit, pour signifier les ténèbres où vivoient les peuples Payens; tout comme, pour marquer le triomphe de la Religion chrétienne, le lendemain en plein jour, on en représente les mystères à la procession.

La Renommée, sonnant de la trompête, ouvre cette marche nocturne; elle est suivie de tambours, fifres, exécutant l'air lugubre composé exprès par le Roi *René*.

Le Duc & la Duchesse d'Urbin, montés

---

(1) Il paroît que cette cérémonie n'étoit pas la seule en France de ce genre. On exécute encore à Clermont en Auvergne, à neuf heures du soir, la veille de l'Assomption, une marche composée des dignitaires de la Cathédrale, des notaires, des valets d'église, du suisse, &c., à la lueur des torches & au bruit de la populace qui, sans savoir ce que c'est, crie *le guet! le guet!* Cette marche fort circonscrite, & qui n'a aujourd'hui rien de singulier, paroît avoir été, dans son origine, semblable à celle d'Aix. Clermont célébroit autrefois, comme plusieurs autres villes, les fêtes de l'âne, des fous, & du roi de la Basoche, qui ont toutes été supprimées; si la cérémonie *du guet* y subsiste encore, c'est parce que quelques droits du chapitre sont attachés à sa célébration.

sur des ânes, viennent après; tous les deux sont vêtus en rouge, & la Duchesse a toujours un éventail à la main.

Momus est à cheval, tenant sa marotte d'une main, un masque de l'autre; son habit & son bonnet sont garnis de grelots.

Mercure & la Nuit sont aussi à cheval; le premier, armé du caducée, a des aîles à la tête & aux talons; la Nuit a une robe noire semée d'étoiles.

Les Razcassetos viennent ensuite; puis le *jeu du Chat*; nous en avons déjà parlé.

Pluton & Proserpine, tous deux vêtus de noir avec leurs attributs, sont suivis des petits & des grands diables.

Neptune tient son trident, Amphitrite, un Dauphin.

Une troupe de *Faunes* & de *Driades* dansent au son des tambourins, des fifres, &c.

Pan & Sirinx sont à cheval. Pan, vêtu d'une peau de bouc, a des cornes sur la tête, & joue de la flûte, dont il est l'inventeur; Sirinx tient un roseau à la main.

Bacchus est dans un petit char, assis sur un tonneau; d'une main il tient une coupe, & de l'autre, un tyrse.

Mars & Minerve, tous les deux à cheval, sont armés de cuirasses, de boucliers, & de lances.

Apollon & Diane sont à cheval. Apollon tient d'une main un coq, de l'autre, une lyre; Diane porte un croissant sur la tête; à la main, un arc & des flêches, & sur l'épaule, un carquois.

La

La Reine de Saba vient après avec ses tambourins.

Saturne & Cybelle sont à cheval ; le premier porte une faux ; Cybelle est coiffée d'une tour ; elle tient d'une main un disque, & de l'autre une branche de pin.

Ces deux Divinités sont suivies des grands & des petits danseurs avec leurs tambourins.

Le grand Char (1) avec les parques & les tambours, terminent magnifiquement la marche ; Jupiter, Junon, Vénus, Cupidon y sont assis, environnés des Ris & des Jeux. Toutes ces Divinités portent avec elles leurs attributs particuliers. Vénus est remarquable par un très-grand bouquet qu'elle tient à la main ; les Ris & les Jeux sont représentés par de jeunes enfans vêtus de blanc, lardés de rubans rose, & dont les épaules sont garnies de petites aîles.

Les parques, avec leurs attributs, suivent à cheval ce char pompeux, & sont placées à la fin, comme la moralité à la fin d'une fable.

DESCRIPTION. *Saint-Sauveur* est l'église métropole ; les Chanoines ont obtenu des lettres patentes du 3 janvier 1780, enregistrées au Parlement d'Aix, qui leur donnent le droit de porter une croix pectorale d'or, émaillée à huit pointes, représentant d'un côté la transfiguration de Notre-Seigneur, avec l'exergue : *Antiqua sine lege nobilitas* ; & sur le revers,

---

(1) Ce char rappelle celui de la *Mère folle*, à Dijon, & de *l'Abbé des Cornards*, à Evreux, qui, l'un & l'autre, servoient dans les fêtes que célébroient ces joyeuses sociétés.

Partie I.

on voit l'église d'Aix, avec l'inscription : *Venerabilis eccles. Aquæ Sext.*; elle est surmontée d'une couronne comtale, & suspendue par un ruban bleu, avec liseré noir. Il ne faut point faire de preuves de noblesse pour être admis dans ce Chapitre ; mais, comme les canonicats sont à la collation de l'Archevêque & des Chanoines, ces Messieurs ont soin de ne nommer que des sujets dont la noblesse est reconnue.

L'architecture de cette église est d'un assez beau gothique. La partie du côté de l'épître, est plus ancienne que le reste de cet édifice ; on croit même que cette partie étoit la nef de la vieille église. Du même côté, on voit une chapelle basse & fort ancienne, où l'on assure que Saint-Maximin a donné la communion à Sainte-Madeleine.

De ce collatéral, on entre dans un baptistaire séparé de l'église, curieux par les matières précieuses & antiques dont il est construit.

Huit grandes colonnes corinthiennes, dont six de marbre & deux de granit, supportent un dôme ouvert au milieu, & où l'on a placé une colombe. Le plan de cet édifice est octogone, on croit que les colonnes qui le composent appartenoient à un temple payen. Plusieurs débris de chapiteaux, de frises, d'inscriptions & de statues, déterrés dans le cloître, ont fait conjecturer que ce temple étoit dédié au soleil.

Le maître-autel est décoré d'un bas-relief sculpté par *Veyrier*, élève & ami du *Pujet*. Au côté droit du maître-autel est le mausolée de *Charles du Maine*, dernier Comte de Provence, mort en 1481.

A gauche, on voit deux lions antiques qui dévorent chacun un enfant.

Derrière le maître-autel est le tombeau, avec la figure en marbre d'*Hubert Garde*, Seigneur de *Vins*, célèbre par sa valeur, & qui mourut le 20 novembre 1589 ; ce mausolée fut érigé aux dépens de la province.

Les amateurs de reliques verront avec plaisir, dans cette église, *le gril de Saint-Laurent*.

Dans l'église de *Saint-Jean* est le tombeau d'Alphonse II, Comte de Provence ; à droite, on voit la statue de son fils *Raymond-Berenger IV*, dernier Comte de Provence, de la maison de Barcelonne, beau-père de Saint-Louis ; ce Prince est représenté tenant d'une main son bouclier, de l'autre la rose d'or. A gauche, est la statue de Béatrix de Savoie, sa femme (1). Dans la chapelle qui est en face, on voit le mausolée de leur fille *Beatrix*, Reine de Sicile, femme de Charles Ier ; son corps fut transporté de Naples à Aix en 1277.

On conserve dans cette église les calices des anciens Templiers, remarquables par leur excessive grandeur.

L'église des *Pères de l'Oratoire* est curieuse par ses tableaux ; on en voit six de *Mignard*,

---

(1) Raimond-Berenger & Béatrix, en pratiquant & cultivant les Beaux-Arts, ont acquis une réputation chère à la Provence, plus glorieuse & plus durable que celle obtenue par les titres ou par les armes.

parmi lesquels on remarque ceux du maître-autel & de la chapelle de Grimaldi.

La chapelle de la cour est ornée de plusieurs tableaux estimés, d'un Peintre d'Aix nommé *Daret*.

Dans la chapelle des *Pénitens Blancs*, on admire, du même Peintre, un plafond ovale dont le plus grand diamètre a trente-deux pieds; il représente une Résurrection: c'est un des meilleurs ouvrages de ce Peintre, qui est mort sans l'avoir achevé. On trouve aussi dans la même église un bas-relief en marbre, dont le sujet est Notre-Dame de Pitié.

Dans le chœur de l'église de *Saint-Barthelemi* est conservé le tombeau de *Charles-le-Boiteux*, Comte de Provence; le squelette y est encore tout entier.

Les Carmes Déchaussés ont, dans leur église, trois tableaux de *Daret*; celui qui représente S. Jérôme, est remarquable par l'ignorance du Peintre, qui a gratifié ce Saint, de la pourpre & du chapeau de Cardinal.

Dans une chapelle de l'église des *grands Carmes*, fut, dit-on, enterré le bon Roi *René*, qui mourut à Aix le 10 juillet 1480; on y voit son portrait peint par lui-même; autour de ce portrait on lit cette inscription: *Renatus Rex Hierusalem, utriusque Siciliæ Dux, Andegavæ Provinciarum Comes*. Ce portrait a été gravé plusieurs fois, notamment dans le troisième volume des *Monumens de la Monarchie, françoise de Montfaucon*.

On croit que le corps de ce bon Roi n'est point dans cette église, & que la Reine le fit secrètement transporter, ainsi qu'il l'avoit ordonné, à Angers, dans le chœur de l'église de Saint-Maurice, où l'on voit encore son tombeau.

Dans la même église des Carmes, est le mausolée & l'épitaphe de *Blanche d'Anjou*, Dame de *Pressigny*, fille naturelle du Roi René, morte en 1470.

Dans une chapelle de la Congrégation des *Jésuites*, on voit deux beaux tableaux du *Pujet*, dont les sujets sont l'Annonciation & la Visitation.

Les Capucins ont dans leur église un objet intéressant pour ceux qui sont curieux de miracles; c'est un crucifix de bois, qui reçut, dit-on, au bras gauche, un boulet de canon lorsque la ville fut assiégée en 1589 par le Duc d'Epernon; le bras n'en fut que noirci, & le boulet fut brisé (1).

Les Religieux de Saint-Dominique conservent pour toute curiosité un des deniers que reçut *Judas*, des Prêtres Juifs.

Les Pères *Minimes* ont dans leur église un beau mausolée de marbre blanc, consacré à la mémoire de *J. B. Boyer*, Marquis d'Argens, Auteur de *la Philosophie du bon Sens*, des *Lettres Juives*, *Cabalistiques*, &c., Chambellan de

___

(1) Brantôme rapporte un trait semblable arrivé à Naples, lorsqu'Alphonse, Roi d'Arragon, en 1438, faisoit le siége de cette ville. *Un crucifix de l'église des Carmes, dit-il, voyant venir une canonnade droit à lui, pour lui emporter la tête, la baissa fort bas, en sorte que la balle passa par dessus.*

Frédéric le Grand, Roi de Prusse. L'épitaphe annonce que ce Prince lui a fait élever ce mausolée, comme un monument éternel de la bienveillance & de l'estime dont il l'honoroit. Ce mausolée, sculpté par M. *Bridan*, de l'Académie, représente le médaillon du défunt. C'est une chose piquante, de voir les cendres de cet homme, ennemi déclaré des superstitions & des Moines, reposer en paix dans une église de Minimes.

Le Cours est une promenade magnifique qui a près de cent cinquante toises de long sur quinze de large ; il est planté de quatre rangs d'arbres, & bordé de jolies maisons. Du côté du midi, la vue se perd dans la campagne ; au nord, elle se termine par une belle façade d'église ; des fontaines jaillissantes, dont l'eau retombe en nappe dans des bassins, égayent & rafraîchissent cette promenade vivante, qui rappelle les boulevars de Paris.

Antiquité. Les eaux minérales d'Aix, qui ont anciennement donné leur nom à cette ville, étoient fameuses pour les maladies de l'urèthre ; un monument découvert au commencement de ce siècle, confirme cette opinion ; c'est une offrande à la divinité de la source, figurée par un Priape, symbole énergique du genre & du siége de la maladie.

Ces sources, par leurs mélanges avec des eaux douces, ou par quelques autres causes inconnues, avoient déjà, du temps de Strabon, perdu presque toute leur vertu.

Au commencement de ce siècle, la source de ces eaux thermales fut découverte par des ouvriers qui démolissoient une maison. On y déterra des chapiteaux, frisés, & inscriptions antiques, ainsi que plusieurs médailles. La ville a fait élever de grands bâtimens pour la commodité des buveurs d'eau ; mais on n'y a point foi, & la foule n'est pas grande : les bains sont cependant en marbre.

A côté de la fontaine, est renfermée décemment la figure monstrueuse du dieu des Jardins, déjà fort mutilée par des personnes peu curieuses de semblables antiquités ; le fermier des eaux est chargé de la montrer aux étrangers qui demandent à la voir.

ANECDOTES. Le Parlement d'Aix se déshonora vers le milieu du quinzième siècle, en persécutant avec fureur les Protestans de la province. En 1540, il les fit ajourner à comparoître à Aix. La crainte d'être saisis & brûlés vifs, empêcha ces malheureux de se rendre à cette invitation juridique : ils ne comparurent pas. Alors le Parlement rendit cet arrêt barbare, par lequel tous les habitans de Cabrières & Merindol furent condamnés à mourir ; leurs maisons, leurs bois, leurs retraites, à être rasés & brûlés, & leurs biens confisqués au profit du Roi.

Jean Meynier, Baron d'Oppède, Premier Président, se mit à la tête des bourreaux ; il fit brûler, ravager vingt-deux bourgs ou villages, & périr par le feu, par le fer, quatre mille hommes, femmes, enfans, vieillards : les horreurs qui accompagnèrent cette boucherie, font frissonner ; il faut les taire.

En 1601, le Parlement exerça son pouvoir avec plus de justice ; il ordonna qu'un Prêtre coupable d'un crime honteux, & contre lequel les lois févissent toujours, seroit jugé par le Juge royal, & non par l'official de l'Archevêque, qui prétendoit que cette affaire devoit s'instruire à son Tribunal. Cet Archevêque refusa de dégrader le Prêtre coupable, avant son supplice, sous prétexte que les Ecclésiastiques de Provence jouissoient des mêmes privilèges que ceux d'Italie ; il excommunia les membres du Parlement qui avoient jugé le criminel, comme ayant blessé les libertés de l'église ; il défendit par tout son Diocèse qu'on les admît à la participation des Sacremens, & envoya leurs noms dans toutes les églises. Le scandale étoit d'autant plus grand, que la quinzaine de Pâques approchoit. Le Parlement prit le parti de décréter l'Archevêque d'ajournement personnel ; de déclarer son excommunication nulle & abusive, & ordonna qu'il la leveroit, sous peine de quatre mille écus d'amende, &c.

Le Prélat obstiné n'obéit point. Le Parlement fit saisir son temporel ; ce temporel triompha du spirituel, & l'Archevêque soumis leva l'excommunication. Ceux qui abusent du pouvoir qu'on leur a confié, devroient être condamnés à obéir toute leur vie.

La population de la ville d'Aix peut être évaluée à vingt-quatre mille ames.

MARSEILLE.

ORIGINE. Marseille est regardée comme la plus ancienne ville des Gaules ; on attribue son origine aux Phocéens, qui en jetèrent les fondemens l'an de Rome 154, & 599 ans avant notre ère. « Athènes, dit M. *Guys*, fut la mère des Phocéens, & Phocée fonda Marseille. Les Princes Phocéens étoient de la famille des Néléides, descendans de Nestor; la branche aînée avoit donné à Athènes, Solon, Platon & Socrate : quels noms pour le souvenir & les hommages de la postérité » !

» Je ne puis mieux *louer* Marseille, qu'en la comparant à l'ancienne Athènes, &c. (1) ».

Les Phocéens arrivèrent fort à propos à l'endroit où est Marseille, dans l'instant que le Roi du pays marioit sa fille. *Protis*, qui étoit à leur tête, se présenta à la Princesse, qui sur le champ en devint amoureuse, & qui ne voulut épouser que cet étranger. Le Roi fut obligé de se rendre aux caprices de sa fille, de consentir à son mariage avec le Phocéen, à qui il céda le terrain où la ville de Marseille est construite.

La nouvelle Colonie eut bientôt des guerres à soutenir : les Perses s'emparèrent de leur ville. Ces deux peuplades confondues mêlèrent leurs connoissances, & commencèrent à

---

(1) *Marseille, ancienne & moderne, par M. Guys*. Le ton extatique qui règne dans cet ouvrage, d'ailleurs plein d'érudition & de vues sages, ne convient guère à l'Histoire; il ne faut point louer, mais raconter. On sait que presque toutes les villes se flattent d'une brillante origine; c'est à l'Historien à voir leurs prétentions avec l'œil de la critique, au Philosophe à les dédaigner, parce que la gloire passée n'est plus une gloire; il ne convient qu'à des femmelettes, à des enfans, à des Gentilshommes de province, de s'enthousiasmer pour des généalogies.

donner de la célébrité à Marseille. L'agriculture y fut en honneur. Ses lois furent vantées par les anciens ; son Sénat devint sur-tout fameux par les vertus & la probité des Sénateurs. Enfin Aristote composa un ouvrage particulier sur la République de Marseille, dont malheureusement on n'a que le titre.

Les Sciences & les Beaux-Arts vinrent encore ajouter à cette République ce lustre qu'ils donnent aux Gouvernemens, dont les moyens sont puissans & les bases solides.

La navigation de Marseille fut heureusement secondée par deux citoyens, habiles Astronomes & savans Géographes. Le premier est le fameux *Pytheas* (1), qui partit de Marseille environ 320 ans avant Jésus-Christ, passa le détroit de Gilbraltar, remonta vers le nord le long des côtes de Portugal, côtoya la France, & parvint au nord jusqu'à l'Islande.

Le second est *Euthimène*, qui, voguant vers le sud, parcourut les côtes occidentales de l'Afrique, jusqu'au delà du Sénégal. Ces deux voyages étendirent le commerce de Marseille & les connoissances en Géographie.

Tant que le gouvernement de la ville de Marseille fut Républicain, les Sciences & les

―――――――――――――――――――――――――

(1) On vient de faire à Marseille la découverte d'une espèce d'obélisque de sept à huit pieds de haut, qu'on croit être le célèbre Gnomon de Pythéas, avec lequel cet Astronome avoit fixé, il y a près de deux mille ans, l'obliquité de l'écliptique. M. Chompré en a donné la description.

Beaux-Arts y fleurirent. Cicéron appeloit cette ville l'*Athènes des Gaules*, & Pline, *la Maîtresse des études*.

Les médailles qui nous restent de cette ville, le disputent à tout ce que la Grèce a de plus précieux en ce genre, & prouvent avec quel succès on y cultivoit les Arts.

Quarante-neuf ans avant Jésus-Christ, Jules César assiégea Marseille, & ce siége, suivant la description qu'en fait ce Général, est un des plus fameux de l'antiquité. Il paroît, d'après ses commentaires, que plusieurs rues de l'ancienne ville, du côté du couchant, furent depuis englouties dans la mer

Enfin Marseille cessa d'être florissante lorsque son gouvernement cessa d'être Républicain; subjuguée par les Romains, elle fut privée de ses propres lois, & perdit le droit d'élire ses Magistrats.

Après avoir passé successivement sous la domination des différens peuples qui dans la suite envahirent la Provence, elle fut gouvernée par des Vicomtes. *Barral*, un de ces Vicomtes, rendit sa cour brillante, dans le temps que la galanterie poétique des Troubadours faisoit revivre en Provence les Lettres, la politesse, & la gaîté.

Marseille a joué un rôle important dans l'Histoire de la Monarchie Françoise; elle a participé aux malheurs qui accompagnent toujours les guerres & les troubles intérieurs; mais la peste fut dans tous les temps le fléau le plus destructeur de cette ville; pour la neuvième fois, en 1720 & 1721, elle fut dévastée par la mortalité la plus affreuse; plus de soixante mille hommes furent moissonnés par la peste. Marseille a payé bien cher le privilége du commerce du Levant, dont les vaisseaux arrivoient souvent avec le germe de la contagion; mais les précautions prises depuis par l'Administration, la construction du magnifique *Lazaret*, semblent devoir éloigner ce fléau, d'une ville dont le climat est d'ailleurs très-sain.

DESCRIPTION. Les dehors de Marseille sont plus rians, plus singuliers que beaux. On y découvre une infinité de petites maisons appelées *Bastides*, dont le nombre monte jusqu'à cinq mille, & fait illusion au voyageur, qui croit découvrir une ville sans bornes.

Marseille se divise en ville vieille & ville neuve; la vieille n'est ni agréable ni bien bâtie. La ville neuve, mieux percée, est composée de bâtimens modernes (1); l'ensemble forme une des villes les plus vivantes de France; les priviléges accordés aux étrangers y attirent toutes les Nations commerçantes. La variété de costumes des peuples qui s'y trouvent, forme un spectacle curieux:

. . . . Ici sont rencontrées
Toutes les Nations de diverses contrées,

---

(1) On a observé, que dans cette partie de Marseille la salubrité a été sacrifiée à la magnificence: pour garantir cette ville de la trop grande action du vent & du soleil brûlant, on auroit dû bâtir les rues dans la direction du levant au couchant, & non pas du nord au sud.

L'Anglois, le Musulman, le Russe, le Germain,
Et le Sujet du Roi, & le Républicain,
Et celui qui naquit sous les lois du Despote;
Tout n'est qu'un peuple ici, tout est compatriote.

Une belle rue alignée, longue d'environ un quart de lieue, traverse la ville depuis la porte d'Aix (1) jusqu'à celle de Rome, & présente la perspective la plus magnifique : au milieu est le cours; en suivant à droite, on trouve le port.

Le Port est un des plus sûrs & des plus fréquentés de l'Europe. Sa longueur est de cinq cents toises, & sa largeur de deux cents; sa forme oblongue est dans la direction du couchant au levant. Il est entouré de collines, excepté au levant. La partie vieille de la ville s'élève de son bord septentrional, en forme d'amphithéâtre, jusqu'à la hauteur de vingt-quatre toises au dessus du niveau de la mer.

Ce port peut contenir jusqu'à neuf mille vaisseaux marchands; il n'est pas assez profond pour recevoir un vaisseau de ligne. Le commerce de cette place est, dit-on, de douze à quinze millions par mois; il va même quelquefois jusqu'à vingt.

La Cathédrale, nommée *la Major*, située dans la vieille ville, n'est pas remarquable par sa construction. Dans l'intérieur, on voit

---

(1) Cette porte d'Aix doit être reconstruite, d'après les dessins de M. *Louis*, en arc de triomphe, que le Commerce de Marseille érigera à Louis XVI.

six colonnes de granit qu'on croit être un reste d'un ancien temple de Diane, & un superbe baptistaire en forme de tombeau, orné de cinq figures.

Mais ce qui doit piquer davantage la curiosité, ce sont les trois tableaux du célèbre *Puget*, qu'on voit dans la chapelle du Saint-Sacrement : l'un représente le Sauveur du monde, il est fort admiré ; l'autre, le Baptême de Constantin, & le troisième, le Baptême de Clovis.

Le Chapitre envoyoit au Duc d'Orléans, Régent, ces trois tableaux, lorsqu'on apprit que ce Prince étoit mort ; le Parlement de Provence, à la réquisition de MM. les Echevins, ordonna qu'ils fussent remis à leur place.

L'église des *Accoules* étoit autrefois une paroisse qui dépendoit de l'abbaye de Saint-Sauveur ; aujourd'hui c'est une collégiale de huit Chanoines. A la porte, on voit un crucifix très révéré ; il est représenté habillé avec une mitre en tête, pour montrer la qualité de Pontife en Jésus-Christ.

En 1611, un Chanoine de cette église, nommé *Louis*, & qui confessoit les personnes les plus distinguées de Marseille, fut accusé, par deux jeunes filles, d'être le plus grand sorcier de la province, & d'avoir formé une société de jeunes personnes qu'il avoit toutes ensorcelées. Comme ce Prêtre avoit long-temps administré les Sacremens dans cet état de crime, il s'éleva une grande contestation parmi les autres Ecclésiastiques, sur la validité de ces Sacremens. Dix-sept personnes accusées de sorcellerie furent mises en prison, & le Prêtre sorcier fut brûlé à Aix, le dernier août 1611, sans avouer ses prétendus sortilèges, ni ses complices.

Saint-Victor étoit une abbaye célèbre, fondée vers l'an 408 par le pieux & savant *Cassien*; elle est située hors la ville, assez près du port. Le terrain d'alentour s'appeloit autrefois *Paradisus*, à cause de la sainteté des Religieux qui l'habitoient, au nombre de cinq mille, & qui avoient une grande réputation d'austérité.

Cette abbaye fut sécularisée par une Bulle de Clément XII, datée du 27 décembre 1739, & confirmée par lettres patentes de 1751; les Chanoines sont obligés de faire preuve de noblesse de six degrés paternels. Ils portent tous le titre de *Comtes*, & sont décorés d'une croix d'or, émaillée à huit pointes, avec un médaillon au milieu, représentant, d'un côté, Saint-Victor, patron de l'église, à cheval, armé de toutes pièces, & perçant de sa lance un dragon renversé; à l'entour est cette devise: *Divi Victoris Massiliensis*; de l'autre côté est représentée l'église de Saint-Victor, avec ces mots: *Monumentis & nobilitate insignis*; cette croix est suspendue par un ruban moiré, couleur de feu.

Dans l'église, on voit le tombeau en marbre du saint Fondateur, ainsi que celui de Saint-Isarne, Abbé de ce monastère, dans lesquels sont renfermés leurs ossemens, excepté le chef de Cassien & le bras d'Isarne, qui sont enchâssés & conservés dans le Trésor.

Au côté droit du maître-autel, est le tombeau en marbre du Pape Urbain V, qui avoit été Abbé de cette maison.

Dans la partie souterraine de cette église, on voit des tombeaux avec des inscriptions antiques; on montre le premier autel où l'on a, dit-on, célébré la Messe, & le premier confessionnal où l'on a confessé. On peut voir aussi dans cette église un joli baptistaire où est placé un tableau fort ancien, représentant l'Incarnation, d'une manière remarquable. Les dévots doivent demander à voir la croix sur laquelle Saint-André fut martyrisé, & la grotte où la Madeleine vint, dit-on, commencer sa pénitence. On conserve aussi, dans cette église, une côte de Saint-Laurent, deux chefs des onze mille Vierges, une boîte de Sainte-Madeleine, & des poils de la barbe de Saint-Paul.

Dans cette maison, on rencontre un grand nombre de tombeaux & d'inscriptions tant des Payens, que des Chrétiens, & l'on reconnoît celles des Payens à ces deux lettres, D. M. *Diis Manibus*.

Saint-Sauveur est une ancienne abbaye de Bénédictines que l'on croit avoir été fondée par Saint-Cassien. Dans le monastère on a trouvé quelques antiquités romaines. En 726, les Sarrasins qui prirent Marseille, massacrèrent toutes les Religieuses de ce monastère. Eusébie, qui en étoit Abbesse, pour mettre sa chasteté & celle de ses Religieuses à l'abri des insultes de ces barbares, fit alors une action héroïque. Voyant qu'ils étoient maîtres du couvent, elle détermina ses filles à se mutiler

&

& déchirer la figure, afin de rebuter, par ce spectacle horrible, les féroces vainqueurs, & se conserver pures. Mais les Sarrasins, furieux de se voir frustrés dans leurs espérances, massacrèrent cruellement ces courageuses filles.

Ce monastère, qui étoit bâti près de Saint-Victor, portoit le nom de Saint-Syricus ou Ceris, quand il fut détruit par les Sarrasins; les Religieuses furent ensuite transférées dans celui qu'elles viennent de quitter, près de l'évêché.

Les Cordeliers de l'Etroite Observance de Saint-François conservent, dans leur église, un tableau représentant l'*Ecce Homo*; il est curieux, parce qu'on croit qu'il a été peint par le Roi René, Comte de Provence.

Pendant que les Cordeliers étoient divisés sur l'importante question de savoir si leurs provisions leur appartenoient, si leurs capuchons devoient être ronds ou pointus; les Frères du couvent de Marseille, étant de la secte nommée des *Spirituels*, refusèrent de se soumettre à leurs antagonistes, & s'obstinèrent à conserver la forme de leurs capuchons. L'Inquisition les jugea hérétiques le 7 mai 1318, & le Viguier de Marseille, selon la sentence du Dominicain, fit brûler, dans la place publique, quatre Cordeliers qui aimèrent mieux mourir au milieu des flammes, que de rogner un peu leurs sales capuchons. *O tempora Monachorum!*

Dans l'église des Religieuses de *Sainte-Marie*, on va voir un des meilleurs tableaux de

Parocel père, qui repréfente l'Enfant Jéfus couronnant la Vierge.

Au premier monaftère *de la Vifitation*, eft un Saint-François de Sales en prières, peint par *Puget*.

Dans l'églife des *Dominicains*, au premier autel à droite en entrant dans la nef, eft le Martyre d'un Religieux de cet Ordre, par *Serres*, Peintre Marfeillois.

Dans le chœur de l'églife de *Saint-Ferreol*, on voit plufieurs tableaux de *Natoire* & de M. *Vien*.

A l'hôtel de ville, on remarque, fur la porte exterieure de la Bourfe, qu'on appelle *la Loge*, l'écuffon des armes du Roi, en marbre, fculpté par *Puget*. Cet Artifte avoit demandé quinze cents livres pour le prix de cet ouvrage. Quand il fut achevé, il repréfenta que le marbre feul lui coûtoit treize cent quatre-vingt-huit livres, & qu'il ne lui reftoit que cent douze livres pour fon travail; il offrit auffi fix mille livres pour racheter ce morceau : mais les Echevins rejetèrent fes demandes & fes propofitions, & l'obligèrent à fuivre les conditions du marché.

La grande falle eft curieufe, fur-tout par les tableaux qui la décorent. Deux repréfentent la pefte de 1720, ils font peints par *Serres* (1).

---

(1) Ce Peintre Marfeillois étoit élève de *Puget*, & avant de faire ces tableaux, il s'étoit lui-même diftingué dans les fonctions de Commiffaire de quartier, pendant les ravages de la contagion dont il a fait la peinture.

Dans le fond, vis à-vis, est représentée Marie de Blois, Reine titulaire de Naples, & Comtesse de Provence, faisant son entrée dans Marseille, en 1385, avec Louis II son fils, encore enfant, & jurant l'un & l'autre de maintenir les privilèges des habitans.

Sur la porte de la salle consulaire, on voit un tableau représentant l'Apothéose de la ville, par *de Faudran*, Peintre Marseillois. On voit aussi dans la même salle le portrait de M. *de Matignon*, ancien Evêque de Condom, & Abbé de Saint-Victor de Marseille. Le Conseil de ville a donné à ce bienfaisant Prélat ce témoignage de sa reconnoissance, pour les fondations pieuses qu'il a faites tant aux hôpitaux, qu'au collège de cette ville.

Le Cabinet des Echevins est orné de plusieurs tableaux de Mademoiselle *Duparc*.

Dans la Chapelle de la *citadelle de Saint-Nicolas*, est un Saint-Nicolas peint par *Puget*.

L'église de l'hôpital général a été construite d'après les dessins de ce célèbre Artiste, ainsi que la maison qu'il habitoit, & qu'on voit encore dans la rue de Rome.

A *la Consigne*, édifice bâti sur l'eau, on voit, du même artiste, un superbe bas-relief représentant Saint-Charles Borromée, prenant soin des pestiférés à Milan (1). L'autre bas-

────────────

(1) Feu M. le Comte de Caylus fit graver ce bas-relief d'après les dessins de M. *David*, Directeur de l'Académie de Peinture de Marseille.

relief en marbre, représentant un Enfant qui soulève un rideau, est d'un élève de *Puget*.

L'église de *Château Gombert*, située dans le quartier du Terroir, est curieuse par le tableau du maître-autel, qu'on croit un des plus beaux de *Puget*; il représente la Vocation de Saint-Mathieu.

On rapporte que le Père *Boulegou*, ami de *Puget*, assistant au placement de ce tableau, observa à l'Artiste que, pour l'exactitude historique, il falloit encore une figure. Puget en convint, & comme il avoit sa palette & ses pinceaux, il pria son ami de lui servir de modèle pendant un quart d'heure. Sur le champ il peignit le Père *Boulegou* en Apôtre, & si ressemblant, que, pour cette seule singularité, ce tableau a attiré beaucoup de curieux.

L'église *des Chartreux*, située hors la ville, mérite d'être vue à cause de l'architecture de son portail, & de plusieurs tableaux qui ornent l'intérieur, dont la plupart sont peints par le Frère *Joseph-Gabriel Imbert*, Chartreux, qui avoit été, pendant quelque temps, l'élève de *Vander-Meulen*. Le meilleur est celui du maître-autel, représentant le Calvaire.

Le fort *de Notre-Dame de la Garde*, bâti à la cîme d'un rocher presque inaccessible, domine sur une vaste étendue de terre & de mer: il en coûte des fatigues pour y atteindre; mais on en est bien dédommagé par la vue du tableau le plus varié & le plus magnifique. D'un côté, on découvre une partie de la

Méditerrannée, la ville, & une campagne riante, couverte de bastides; de l'autre, des montagnes affreuses par leur aridité, & par les marques profondes de leur dégradation: le contraste frappant de cette perspective réveille toute les parties de l'ame, que l'immensité de l'horizon qui se présente, semble encore agrandir.

Par les réparations qu'on a faites à ce fort, il ne ressemble plus à ce qu'il étoit du temps que Bachaumont & Chapelle y montèrent; on peut aujourd'hui frapper hardiment à la porte, sans craindre de la jeter par terre; & ce n'est plus, comme le disoient alors ces aimables Voyageurs, ce

> Gouvernement commode & beau,
> A qui suffit, pour toute garde,
> Un Suisse avec sa hallebarde,
> Peint sur la porte du château.

L'église de Notre-Dame de la Garde fut fondée en 1218; les Marins y ont une grande dévotion, & une partie des murailles est couverte des témoignages de leur piété.

Le Lazaret est un magnifique bâtiment situé à près de deux cents pas au nord de la ville, sur les bords de la mer, & sur le penchant occidental d'une colline, à l'exposition de plusieurs vents; il est destiné à faire faire la quarantaine aux vaisseaux venant des lieux infectés ou soupçonnés de peste.

JURIDICTION *particulière*. Le tribunal des *Prud'hommes*, à Marseille, n'a rien de commun avec les autres tribunaux du royaume, & remonte à une époque fort reculée. Un titre de 1349 donne aux Prud'hommes la qualité de Consuls. « Je croirois volontiers, dit M. l'Abbé Papon, que leur juridiction est une émanation du Consulat maritime, dont l'institution remonte au temps des Empereurs Romains ».

Ces Prud'hommes, dit cet Historien, sont des Patrons pêcheurs qui jugent sans appel de tous les faits concernant la pêche, depuis le Cap-de-l'Aigle jusqu'au Cap-Couronne. Les Parties plaident elles-mêmes en langue Provençale, sans l'intervention de Procureurs ni d'Avocats. Quand le demandeur veut faire assigner sa partie, il se présente devant le Juge, expose le fait, & met deux ou trois sous dans une boîte destinée à recevoir ces sortes de consignations; alors les Prud'hommes font assigner le défendeur par leur Huissier.

Lorsqu'ils siégent, ils sont ordinairement vêtus d'un manteau, & coiffés d'un petit chapeau de velours; mais dans les grandes cérémonies, ils ont un corset, des hauts de chausses, des souliers à l'antique, la fraise, le petit manteau, des pleureuses au lieu de manchettes, les cheveux ronds, une toque de velours noir, & ils portent sur l'épaule une longue & large pertuisane; ils sont suivis d'une compagnie de pêcheurs sous les armes.

La salle de cette juridiction est décorée de deux tableaux remarquables; l'un représente la Pêche de Louis XIII dans le Golfe de Marseille; l'autre, Saint-Pierre faisant la pêche du corail.

MANUFACTURES. Les Manufactures d'indiennes, de porcelaines & de faïence, les Fabriques de savon & les Raffineries de sucre, sont des objets dignes de la curiosité des Voyageurs.

La fabrication des salaisons, telles que le thon mariné (1), les anchois, capres, olives &c. ; les Manufactures de bonnets, *façon de Tunis* ; les Raffineries d'alun, de colle-forte &c. ; les Manufactures de toiles peintes, celles de tapisseries à la détrempe, celles de toiles peintes à l'huile & au vernis, sont les plus considérables objets du commerce de cette ville.

On trouve aussi à Marseille la manufacture de corail, dont la pêche se fait proche Cassis. (Voyez *Cassis*).

Il se tient annuellement à Marseille une

---

(1) La pêche du thon étoit autrefois, à Marseille, bien plus considérable qu'aujourd'hui. Beaujeu (*De laudibus provinciæ*, ann. 1551) rapporte que, dans un jour, il y fut pris jusqu'à huit mille thons, & que ce poisson, si recherché ailleurs, n'avoit aucune valeur dans la Provence, tant il étoit commun. Un autre poisson appelé *le Rouget*, étoit fort célèbre à Marseille, du temps des Romains, si l'on s'en rapporte à une anecdote que nous a transmise *Dion Cassius*. Milon, coupable d'un meurtre, avoit choisi pour défenseur *Cicéron* ; mais l'Orateur s'étant troublé, & par conséquent ayant mal défendu son client, celui-ci avoit été exilé à Marseille. Pendant ce temps, Cicéron retoucha son plaidoyer, & le renvoya à Milon, qui répondit plaisamment : *Je m'applaudis de ce qu'il ne l'a point prononcé ainsi, autrement je serois encore à Rome, & ne mangerois point ces excellens rougets de Marseille.*

foire franche, qui commence le 30 août, jour de la fête de Saint-Lazare, & dure quinze jours. Cette foire consiste principalement dans la vente de tous les objets de modes, bijouteries, merceries, quincailleries, toileries, soiries, porcelaines, faïence, orfévrerie &c. &c. Depuis long-temps, les Marchands qui se rendoient à cette foire n'avoient pour loger, eux & leurs marchandises, que des cabanes construites de toiles & de planches peu solides & peu sûres. M. *Lequin Delatour*, Architecte, & une compagnie d'Entrepreneurs, ayant obtenu, en 1786, le privilége de remplacer ces cabanes par des boutiques, ils ont en conséquence élevé sur le grand & le petit cours de Marseille près de deux cents boutiques uniformes, propres & solides, avec toutes les commodités nécessaires aux Marchands.

Ces boutiques forment une décoration régulière d'ordre dorique; à l'aplomp de chaque entre-colonnement, est une lanterne allumée toute la nuit, & le cours, pendant le temps de la foire, est arrosé journellement.

ACADÉMIES. Marseille a deux Académies, celle des Sciences & Belles-Lettres, fondée en 1726, & celle de Peinture & de Sculpture.

Dans la salle de l'Académie des Sciences, on remarque, parmi plusieurs portraits, ceux de M. le Cardinal de Bernis, & de M. *Malouet*, Intendant de Toulon, qui protégea & cultiva les Lettres avec succès.

Le Cabinet d'Histoire Naturelle & de Médailles de cette Académie, quoique moderne, est déjà fort curieux. L'Histoire Naturelle de la Provence est rangée dans des armoires séparées; on y voit une collection de drogues de toutes les parties du Monde; elle deviendra plus intéressante dans quelques années, & offrira aux Commerçans une instruction facile. On voit aussi une suite de médailles de Marseille ancienne, depuis l'époque de la République greque jusqu'au moyen âge.

Parmi les coquilles, on remarque la grande huître des Indes, dont l'intérieur est blanc avec un liseré violet, une pinne marine des Indes orientales, violet foncé, une vis terrestre d'Abyssinie, de couleur blanche, à taches brunes, & très rare. Parmi les minéraux, un superbe morceau de *flosferri*, d'une grosseur extraordinaire.

L'Observatoire, nouvellement élevé sur l'emplacement de l'Arsenal, a une plate-forme d'où l'on jouit de la vue la plus magnifique sur la mer, la ville & les campagnes.

USAGES. Les cérémonies religieuses n'ont rien de particulier à Marseille, que la procession de la Fête-Dieu. On y voit un certain nombre de Bouchers vêtus en Coureurs, conduisant un bœuf couronné de fleurs, & couvert d'un tapis sur lequel est un petit enfant, n'ayant pour tout vêtement qu'une peau de mouton, & tenant à la main une banderole; il représente Saint-Jean-Baptiste. Pendant les trois jours qui précèdent la Fête-Dieu, on promène dans la ville le bœuf & l'enfant au son des tambourins & des galoubets; le bruit de ces instrumens réveille la joie du peuple, naturellement gai; on se met aux fenêtres, on accourt en foule pour voir passer le bœuf : les nourrices l'attendent avec impatience, pour faire baiser son museau à leurs nourrissons ; elles croyent que ce baiser préserve l'enfant des suites funestes de la dentition, & des maux de dents pendant le reste de la vie.

Evénemens remarquables. Pendant la Ligue, Marseille embrassa ce parti contre celui de son légitime Souverain. *Louis d'Aix*, Viguier, & *Charles de Cazault*, premier Consul, profitèrent des divisions qui régnoient dans cette ville, s'emparèrent de l'autorité absolue, & espérèrent s'y maintenir avec les secours de l'Espagne ; ces deux hommes, & leurs partisans, avoient commis plusieurs cruautés, chassé les femmes & enfans des principaux de la ville, & fait emprisonner la Dame de Mirabeau, ainsi que plusieurs autres personnes de distinction.

Parmi les habitans qui gémissoient sous le joug de ces deux tyrans, étoit un homme hardi, connu sous le nom de Capitaine *Libertat*. Pendant que les troupes du Roi de France tenoient Marseille assiégée, il projeta de délivrer cette ville de l'un des usurpateurs. Le 17 février 1596, sur les huit heures du matin, *Louis d'Aix* étant sorti, Libertat profita de l'occasion pour attaquer son complice *Cazault* ; il l'attaqua entre les deux portes du portail Réal, en lui disant : *Méchant traître, tu veux vendre ta ville aux Espagnols ; mais je t'en empêcherai bien* : du premier coup d'épée il le perça d'outre en outre, & le laissa mort. Pendant ce temps, son frère *Barthelemi Libertat* avoit eu l'adresse & le courage de faire baisser le pont-levis, par où entrèrent les troupes du Roi. Louis d'Aix s'étant retiré dans le fort de Saint-Victor, y fut assiégé vivement ; il parvint à s'en sauver, en se jetant dans un bateau de Pêcheur ; puis il atteignit les galères d'Espagne, venues auprès de ce port pour soutenir les factionnaires, & la place fut rendue. Les troupes du Roi s'emparèrent aussi des autres forts, excepté de celui de Notre-Dame de la Garde, où le fils aîné de Cazault résista quelque temps ; il finit par être pris : les corps des Cazault, père & fils, furent traînés dans les rues par les enfans de la ville. Il n'y eut dans cette victoire que cinq habitans de tués ; pour remercier Dieu, on fit chanter le *Te Deum*, & de grandes réjouissances.

Henri IV, pour reconnoître le service important qu'il venoit de recevoir du Capitaine *Libertat*, outre l'anoblissement, lui accorda encore une gratification de trente mille livres, & une pension considérable ; ce Roi lui donna de plus la charge de Viguier perpétuel de Marseille, & de Gouverneur du fort de Notre-Dame de la Garde. Le Capitaine *Libertat* fut comblé d'honneurs & de bénédictions de la part de ses concitoyens ; on fit à sa gloire ces deux vers :

Digne cœur de ton nom, puisque tu as été,
Dans Marseille, premier auteur de liberté.

L'année suivante, en 1597, Pierre Libertat (1) mourut fans enfans, & fut enterré avec beaucoup de pompe dans l'églife des Obfervantins ; la ville fit tous les frais des funérailles (2).

Le 3 novembre 1600, vers les cinq heures du foir, Marie de Médicis, qui étoit partie de Florence pour venir époufer Henri IV, arriva par mer à Marfeille, fur une galère dont la magnificence rappelle celle fur laquelle *Cléopatre* étoit montée lorfqu'elle fe rendit auprès d'*Antoine*. La galère qui portoit la future époufe d'Henri IV, avoit foixante-dix pas de longueur, & vingt-fept rames de chaque côté ; elle, étoit toute dorée en dehors ; la poupe, dont le bord étoit marqueté de cannes d'Inde, de grenatines, d'ébène, de nacre, d'ivoire & de lapis, avoit pour couverture vingt cercles de fer enrichis de topazes, d'émeraudes, & d'autres pierreries, avec un grand nombre de perles qui en relevoient l'éclat. Les armes de France, compofées de diamans de grande valeur, & celles de Tofcane, de cinq gros rubis, d'un faphir, d'une groffe perle au deffus, & d'une grande émeraude entre deux, étoient près du fiége de Sa Majefté. Il y avoit outre cela une croix de diamans & une autre de rubis. Les chambres de la galerie étoient tapiffées de

---

(1) Le nom de Libertat fut donné à un de fes prédéceffeurs, qui, par une action généreufe, donna la liberté à fa patrie.

(2) On trouve des détails bien circonftanciés de cet événement, dans un ouvrage du temps, intitulé : *Difcours véritable des particularités qui fe font paffés en la réduction de la ville de Marfeille en l'obéiffance du Roi. A Avignon*, 1596.

drap d'or, les vitres étoient de cristal, les rideaux de drap d'or à franges, les Forçats vêtus d'écarlate, avec leurs bonnets enrichis de fleurs de lis d'or : cette galère étoit accompagnée de dix autres florentines, dont cinq du Pape & cinq de Malthe.

On avoit dressé une galerie depuis le port jusqu'au palais où la Reine devoit loger. En descendant de la galère, elle passa sous cette galerie, où le Chancelier la reçut ; & les Consuls de la ville, accompagnés de la Bourgeoisie, lui présentèrent deux clefs d'or, de la ville, enchaînées avec le même métal; elle fut conduite, sous un dais fort riche, au palais, entourée des Cardinaux de Joyeuse, de Gondy, de Givri, de Sourdis, avec plusieurs Evêques. Cette Princesse, après avoir été magnifiquement fêtée à Marseille, en partit le 16 du même mois pour aller à Aix.

HOMMES illustres. Pierre Puget, Peintre, Architecte, Sculpteur, naquit à Marseille en 1622, & y mourut en 1694; il fut un des plus habiles Sculpteurs de France ; son génie triompha de bonne heure des obstacles qui s'opposoient à son instruction; brûlant du désir d'étudier les chefs-d'œuvres d'Italie, il partit sans aucune ressource, & se vit obligé de vendre ses outils pour subsister; des personnes de son art le secoururent, il fut occupé par le Grand Duc de Toscane. Il revint à Marseille à vingt-un ans. Cette ville ayant obtenu la permission d'élever une statue équestre à Louis XIV, *Puget* fut chargé de faire les modèles de la statue, & le projet de la place Royale, qui devoit être placée au bout du Cours, & d'où l'on auroit découvert le port. Un Echevin, qui ne trouvoit pas son compte à cette disposition, parce que sa maison n'étoit pas avantageusement placée à l'égard de la place, proposa à l'Artiste, pour être dédommagé, de lui faire deux statues *gratis* & par dessus le marché, pour orner sa maison de campagne. *Puget* ne voulut point y consentir. Le Magistrat municipal, piqué du refus, cabala, fit rompre le marché, & donner la préférence à *Clérion*, Artiste très-médiocre. Par circonstance, la place ni la statue ne furent point exécutées, & Clérion plaida jusqu'à sa mort, pour obtenir le payement de l'inutile travail qu'il avoit osé entreprendre.

Le cavalier Bernin admira les thermes que Puget avoit sculptés à l'hôtel de ville de Toulon, & parla de cet Artiste avec de grands éloges: sa réputation se répandit; Louis XIV voulut le voir. Ce Roi lui donna une médaille d'or, & une pension de douze cents écus.

Le bas-relief d'Alexandre, le Milon, l'Andromède, furent les principaux ouvrages qu'il fit pour Versailles; il ne reçut que onze mille livres pour ces trois chefs-d'œuvres, & il avoit passé vingt trois ans à les faire. Mécontent de la Cour & des duretés qu'il éprouva de la part de M. de Louvois, il quitta Versailles pour revenir cultiver paisiblement les Arts dans le sein de sa patrie.

Avant son départ, le Roi, informé que Puget étoit mécontent, ordonna à M. de Louvois de le faire expliquer, & de lui demander quel prix il exigeoit pour ses travaux.

Puget, piqué de cette question, sachant la valeur de son ouvrage, demanda une somme considérable. Le Ministre lui dit: *Le Roi n'en donne pas davantage à ses Généraux d'armée.* — *J'en conviens*, répondit fièrement Puget, *le Roi peut trouver facilement des Généraux d'armée parmi sa noblesse militaire, mais il ne trouvera point en France plusieurs Pugets*; réponse digne de la fierté du génie, & qui ne peut être critiquée que par des envieux ou de petits esprits.

HISTOIRE Naturelle des environs. Dans le terroir de *Pennes*, est une brèche très-agréable par la diversité des couleurs; elle prend un beau poli, quoiqu'elle soit difficile à travailler.

La fontaine qu'on rencontre en venant de Marseille, est remarquable par la difficulté de son exécution; il a fallu percer une masse de pierre vive de cinquante toises, & de plus de seize d'élévation. Les mineurs, qui travailloient en même temps au nord & au midi, en suivant la direction de la boussole, se rencontrèrent sur la même ligne, à très-peu de différence les uns des autres pour la hauteur.

Si l'on va du côté des montagnes qui règnent tout le long de la côte, au sud-est de la ville, on doit s'arrêter à l'embouchure du Veaune, pour voir la belle maison de campagne de M. Borrelli; on arrive ensuite à *Marseille-Veire*, curieux par *la Beaume de Rolland*.

C'est une grotte d'environ deux cents pieds de long, riche en stalactites d'un spath jaune & ondé; mais avant d'arriver à la caverne où sont les plus belles, il faut se traîner avec une peine infinie le long d'un sentier où la clarté du jour ne pénètre point, & à côté d'un précipice dont on ne connoît pas le fond. On assure que Puget voulut enlever ces stalactites pour les employer à quelques ouvrages de sculpture. Il y a toute apparence que c'est de là qu'il avoit tiré ces belles colonnes que M. Halland, de l'Académie des Inscriptions, vit chez lui quand il passa à Marseille; elles étoient d'un albâtre très-précieux, & si transparent, que, par le poli qu'il prenoit, on voyoit à deux doigts d'épaisseur l'agréable variété des couleurs. Puget lui dit qu'il étoit le seul qui connût la carrière, quoiqu'elle ne fût pas loin de Marseille. (*Voyage de Provence*).

CARACTÈRES & *Mœurs des Marseillois*. Le sol aride & pierreux, l'air sec & brûlant de Marseille, son commerce, dont l'activité s'étend sur toutes les classes de la société, ont dû puissamment influer sur les mœurs & le caractère des habitans; l'intérêt des richesses & celui du plaisir, comme dans toutes les villes commerçantes, sont les principaux liens de la société; l'opulence, ou le luxe qui en a l'air, est l'objet de l'émulation générale; la chaleur du climat, les exemples trop fréquens de la volupté excitent ou préviennent les désirs. La débauche s'y affiche; on y rencontre sur-tout, plus qu'à Paris, de ces agens subalternes, qui proposent aux passans des plaisirs ou des regrets à tous prix.

Les Marseillois, comme presque tous les Provençaux, sont gais, vifs, emportés dans leurs plaisirs comme dans la colère; leur esprit

esprit est brillant, leur tête prompte à s'enflammer, leur sang bouillonne; ils sont éloquens, mais ordinairement plus propres aux ouvrages d'imagination qu'à ceux qui demandent de la méditation & de la profondeur.

Les femmes, suivant un Moderne, sont aussi terribles dans la colère, que vives dans la conversation; il n'y a ni tiédeur ni ennui dans leur société; rien de plus aimable lorsqu'elles savent se tempérer, mais c'est un effort qui leur coûte.

La langue Provençale, qui est généralement en usage à Marseille, par ses mignardises & ses diminutifs, reçoit dans la bouche des femmes un charme qui reflue sur celles qui la parlent, tandis que chez un homme du peuple elle rebute par ses sons aigus, ses durs & aigres grasseyemens.

Le peuple, c'est-à-dire une grande partie des habitans, est robuste & laborieux; mais la modération, la douceur & le désintéressement ne sont point ses vertus principales; il est fier, peu obligeant, brutal, & souvent cruel jusques dans ses plaisanteries.

La population de Marseille est estimée à quatre-vingt-dix-neuf mille ames.

CASSIS.

C'est une petite ville de la Provence, située sur les bords de la mer, avec un port dont les approches sont défendues par un château élevé à l'endroit où étoit autrefois l'ancienne ville de Cassis, dont il est fait mention dans les Itinéraires.

Ce port est en partie comblé. En 1717, les Consuls de la ville présentèrent un Mémoire à la Cour pour en demander la réparation ; on y envoya des Ingénieurs qui estimèrent, d'après leurs devis & leurs calculs, que la somme nécessaire à la restauration de ce port monteroit à quatre-vingt-sept mille sept cent soixante-une livres. La Cour approuva cette entreprise, consentit à payer un tiers de la dépense, qu'un autre tiers fût levé sur la province, & que la ville & les communautés voisines complétassent le surplus ; mais ces projets n'ont point été exécutés.

Cette ville a été célébrée par les voyageurs Bachaumont & Chapelle, qui avouent qu'*il est bien difficile de ne s'y pas arrêter à boire* ; mais elle est devenue aussi fameuse, depuis quelque temps, par la pêche du corail, que par la bonté de ses vins.

Pêche du Corail. Tout auprès de Cassis, entre cette ville & *la Ciotat*, on pêche le corail que l'on met en œuvre dans la Manufacture établie à Marseille.

Le corail étoit connu dans l'antiquité ; les poëtes représentoient *Vénus* & *Neptune* assis sur un char formé de la plus élégante des conches, dont le pourtour étoit orné de coquilles & d'aigrettes de cristaux, de madrépores, & de branches de corail que les Tritons nerveux avoient arrachées du fond des mers. Les Néréides, qui flottoient autour du char, avoient les cheveux noués avec des perles, & les bras ornés de bracelets de corail.

On sait que le corail est une production

marine, mais on ignore absolument sa nature & sa formation. Quelques-uns l'ont mis au nombre des pierres, d'autres ont cru qu'il étoit le produit d'un précipité des *sels de terre*; le grand nombre en fait un végétal; enfin il s'est trouvé des Naturalistes qui ont démontré que c'étoit un véritable *zoophite*. Cette découverte est due aux observations de M. *Peissonel*, de l'Académie de Marseille. Ce Savant découvrit en 1725, sur les côtes de Barbarie, que les prétendues fleurs de corail étoient de véritables insectes, qu'il appelle *orties corallines*.

La tige du corail, vers sa base, lit-on dans *les soirées Provençales*, ou, pour mieux dire, avant l'enfourchure de son tronc, ne passe guère un pouce de Paris : la plus grande hauteur à laquelle il s'élève dans nos mers, est un pied de Roi. Cette végétation marine ressemble à une branche d'arbrisseau de prunelier, dépouillée de ses feuilles; sa substance approche de la dureté d'un arbre; & malgré cette dûreté, elle est sujette à être rongée, carriée par de petits animalcules qui s'y insinuent à l'aide d'une très-subtile tarière; alors le corail devient fragile, & n'est plus bon à rien.

LA CIOTAT.

La Ciotat est une petite ville située sur les bords de la mer entre Cassis & Toulon. Elle est entourée de murailles; il y a un port formé par deux moles; le *mole neuf*, beaucoup plus long, ferme le port du côté du midi, avec un fort qui est à droite du côté du nord; il est distant de l'autre d'environ cinquante toises.

Le fort nommé *la Forteresse*, situé vis-à-vis la tête des moles neufs, est bâti sur des roches, & on y peut placer dix-huit pièces de canon.

Ce fort domine l'île, toute la rade, & une partie de la ville.

Bachaumont & Chapelle disent de la Ciotat :

>Que les Marchands & les Nochers
>La rendent fort considérable :
>Mais pour le muscat adorable,
>Qu'un soleil proche & favorable
>Confit dans les brûlans rochers ;
>Vous en aurez, frères très-chers,
>Et du meilleur sur votre table.

Il y a plusieurs communautés de Religieux dans cette petite ville; on y trouve une maison des Prêtres de l'Oratoire, un couvent de Servites, un autre d'Ursulines, & un autre de Capucins; joignez-y trois confréries de Pénitens.

Le couvent des Capucins est remarquable par la tombe & l'épitaphe d'un nouveau marié qui, la nuit de ses noces, expira dans les bras de sa jeune épouse. Voici le récit de cette lamentable aventure, dont les expressions n'ont pas besoin de commentaire :

>Amans fougueux, prenez exemple !
>De N......plaignez le sort,

Si vous ne voulez dans ce Temple
Servir de pâture à la mort.
Son trop monter le fit descendre ;
Son trop d'ardeur le mit en cendre :
Sans ce trop funeste penchant,
Peut-être vivroit-il encore.
Hélas ! il trouva son *couchant*
Entre les bras de son *aurore*.

Il est singulier de trouver dans l'église des chastes disciples de Saint-François, une épitaphe qui ne devroit être consignée que dans les archives de l'amour.

TOULON.

ORIGINE. L'Itinéraire d'Antonin est le plus ancien monument historique qui fasse mention de cette ville. Les Romains, au commencement du cinquième siècle, y avoient établi une fabrique de teinture ; la propriété des eaux, la facilité d'avoir du kermès & du murex, décidèrent les Empereurs à choisir cet endroit pour cette manufacture qui contribua à accroître la population & l'étendue de ce lieu.

Vers la fin du dixième siècle, cette ville fut détruite par les Sarrasins ; ses ruines commençoient à peine à se relever, qu'elle fut de nouveau ravagée par les pirates Africains. Après l'an 1000, les Vicomtes de Marseille, qui en étoient Seigneurs, la rétablirent, mais les Sarrasins, puissans par mer, reprirent Toulon deux fois, en 1176 & en 1197, ruinèrent de nouveau la ville, & emmenèrent les habitans esclaves en barbarie.

Sous les Comtes de Provence, Toulon prit plus de stabilité. Louis XII, pour s'opposer aux incursions des pirates Africains, entreprit & fit commencer *la grande tour*, qui ne fut achevée que sous François Ier. En 1594, Henri IV fit agrandir, fortifier la ville, & construire les deux grands moles. Louis XIV, qui voulut faire de cette place un des boulevarts du royaume du côté de l'Italie, fit bâtir, à l'entrée de la rade, le fort de l'Eguillette, & celui de Saint-Louis, puis l'arsenal, & les fortifications telles qu'elles existent aujourd'hui.

Description. Cette ville, peuplée d'environ vingt-cinq mille habitans, est assez bien bâtie. La campagne qui l'environne, dit un Ecrivain moderne (1), disposée en amphithéâtre, est riante, quoiqu'aride, & très-fertile dans les lieux bas. Les collines d'alentour, dont l'huile, le vin, & les figues ont de la réputation, sont toutes hérissées de forts & de redoutes; derrière tout cela, vers le nord, s'élèvent presque à pic des montagnes grisâtres & pelées qui rendent les chaleurs insupportables dans la ville, qu'elles défendent & des aquilons & des ennemis.

Curiosités. Le port de Toulon est un des plus beaux & des plus sûrs de l'Europe. Les vaisseaux y arrivent par une grande rade dont plusieurs forts & batteries défendent l'entrée;

---

(1) Soirées Provençales, tom. II, quatrième lettre.

du nombre de ces forts est *la grosse tour* dont nous avons parlé. Le port se trouve à une des extrémités de cette rade; l'entrée en est étroite, & les vaisseaux ne peuvent y passer que l'un après l'autre; la ville est au fond de ce golfe, & elle embrasse le port.

L'*Arsenal* est l'édifice le plus considérable de Toulon; l'architecture de la porte est remarquable; elle fut construite, en 1738, d'après les dessins de M. *Lauge*, Sculpteur du Roi; elle est ornée de chaque côté de deux colonnes doriques détachées, de bas-reliefs & de trophées de marine; les métopes de la frise sont remplis alternativement, l'un d'une fleur de lis, l'autre de deux ancres; au dessus de la corniche, à l'aplomp des deux entrecolonnemens, sont placées deux figures avec leurs attributs, l'une représentant *Mars*, & l'autre *Minerve*.

Derrière ces deux figures est un attique au milieu duquel est une table de marbre noir avec cette inscription:

Ludovicus XV. Christ... nequid portui Tolonensi sub Lud. Magno adserti splendoris interiret, principalem hanc navalis armamentarii portam, pro dignitate loci restituit.

Anno M. DCC. XXXVIII.

Au dessus de l'attique, sont sculptées les armes du Roi, avec des trophées & des cornes d'abondance jetant des coquillages de différentes mers. A chaque extrémité de l'attique, on voit des groupes; d'un côté c'est un enfant qui embrasse un faisceau de laurier, de l'autre, un autre enfant tient un faisceau de palmes, & au bout sont des trophées de Sciences.

L'intérieur de cet arsenal, sur-tout en temps de guerre, offre un spectacle étonnant. Les yeux sont éblouis, les cheveux se dressent sur la tête, dit l'éloquent Auteur déjà cité, l'imagination est saisie d'effroi lorsqu'on pénètre pour la première fois dans la salle d'armes; tout vous annonce, & l'antre de Bellonne, & les ateliers de Vulcain, & le Génie de la destruction. On est préparé à de fortes sensations, par l'ordre imposant de l'artillerie qui borde le canal; la cour d'entrée est garnie de pyramides de boulets de tous les calibres; les canons de fer & de bronze de tous les vaisseaux sont là qui reposent... C'est le sommeil des Volcans. Les mortiers de fonte, auprès des bombes & grenades, & des boulets ramés bordent la haie, entremêlée de coulevrines; & tous ces instrumens de mort vous présentent des deux côtés leurs bouches horribles & béantes... Quand on ouvre les portes de ce magasin redoutable, ces portes, plus terribles que celles du temple de Janus, on aperçoit tout à coup au fond, comme dans un sanctuaire martial, l'autel de la guerrière Pallas. La statue de la Déesse, couverte de fer, la lance à la main, le casque en tête, porte au bras sa flamboyante égide, & inspire la plus imprimante terreur. Vingt mille fusils tapissent les murs des salles; des milliers de piques, de lances, d'hallebardes, de mousquets, d'obusiers, de pistolets, de petits canons, sont rangés avec ordre sur des tablettes parallèles, & forment un coup-d'œil superbe & ravissant.

Les soleils qui brillent dans les plafonds en rosaces, y sont figurés par des sabres dont les poignées sont rassemblées dans un centre, & dont les lames rayonnantes, tout en lançant mille étincelles, peuvent vous servir de miroirs. Les colonnes des divers autels sont herrissées, depuis la base jusqu'au chapiteau, de bayonnettes nues & acérées... Ces mille pointes menaçantes, ces lames & leurs triples arêtes, les mannequins de nos vieux guerriers François, couverts d'un acier poli comme une glace, & brillans comme les rayons du soleil, leurs pertuisanes, leurs haches d'armes, à côté des épées & des doubles fusils des modernes, offrent un appareil meurtrier, qui rappelle la description que Milton fait de l'arsenal des enfers.... Voilà les instrumens qui donnent l'empire des mers, & à l'aide desquels on procure aux peuples voluptueux de l'Europe les brillantes superfluités de tous les climats !

De l'arsenal on passe *à la Corderie ;* ce bâtiment, élevé sur les dessins de M. *de Vauban,* est d'une longueur immense, & tout voûté en pierres de taille. C'est là qu'on fabrique & qu'on goudronne les câbles ; l'étage supérieur est occupé par une infinité d'ouvriers qui préparent les chanvres & les filasses.

Le *Bassin* qu'on a fait dans le port pour le radoub & la construction des vaisseaux, est un ouvrage étonnant par les obstacles infinis qu'il a fallu vaincre pour l'exécuter, par les opérations inconcevables auxquelles la nature du lieu forçoit de recourir ; M. *Grognard* est auteur de cette immense construction.

Ce bassin a cent quatre-vingts pieds de long, & quatre-vingts de large à l'extrémité supérieure. La caisse dans laquelle il est bâti avoit trois cents pieds de long sur cent de large, & trente-quatre pieds de haut ; mais ces dimensions ont été réduites par l'épaisseur de la bâtisse, & par un réservoir qu'il a fallu faire pour l'écoulement des eaux.

Quand le vaisseau qu'on veut radouber est entré dans le bassin, on en ferme la porte avec un bateau fait en cône tronqué, chargé de tout ce qu'il y a de plus pesant pour le faire plonger. Il s'engraine parfaitement dans les rainures ; & quand on a pris toutes les mesures convenables pour empêcher l'eau d'entrer, on fait écouler celle du bassin dans le réservoir dont on vient de parler, auquel aboutissent vingt-huit pompes qui tirent l'eau à mesure qu'elle pénètre : de cette manière, dans l'espace de huit heures, on met le bassin à sec.

La tranquillité de la mer, qui, dans le port de Toulon, est exempte de flux & de reflux, a beaucoup facilité les moyens de donner à cet ouvrage la solidité dont il avoit besoin. Cependant la plus grande difficulté, dans cette entreprise, étoit d'unir sous l'eau & de consolider le terrain, pour donner au bassin une base solide, & ensuite de déplacer un volume d'eau égal à la grandeur de la caisse, & de disposer des poids énormes dont elle étoit chargée, de manière qu'elle plongeât sans perdre sa position horisontale.

Ce bassin est d'une très-grande utilité, mais il nuit à l'agrément de la vue. C'est là que se construisent des vaisseaux de guerre. La manière de les lancer à l'eau est assez curieuse pour en rapporter ici les détails.

Le vaisseau qu'on doit lancer à l'eau est construit sur le rivage, & sa quille porte sur des lits de madriers qui l'exhaussent de la mer à la poupe. Lorsque ses bordages sont tous posés & bien liés entre eux, lorsque la carcasse est solidement faite & recouverte, on assigne un jour pour le départ, & voici dans quel état se trouve le vaisseau : deux rangs d'épontilles ou de poutres d'appui le soutiennent à droite & à gauche; des câbles recouverts de cuir, & attachés à des canons fichés en terre, le retiennent par derrière, & d'autres câbles qui partent de sa proue, vont en divergeant se rouler à deux cabestans qui tournent sur deux pontons placés aux deux côtés de sa route. Dès les six heures du matin tous les ouvriers nécessaires se rendent ou sur le navire ou dans ses entours; chacun a son poste & ses fonctions, chacun est attentif au signal de son maître : on ôte à grands coups de maillet, on enlève successivement avec des cordes tous les énormes étais. Cette opération prend quelques heures; enfin le vaisseau, isolé, sans soutien, sans étais, & comme en équilibre, prêt à partir, semble, impatient du sol, ne plus attendre que l'ordre de son constructeur. Celui-ci en fait plusieurs fois le tour, observe, considère; tous les yeux sont fixés sur lui. Un grand silence règne tout à coup lorsqu'il place auprès de la proue le hardi mortel qui doit enlever la dernière pièce de bois qui butte contre la quille. Enfin, monté sur une estrade élevée, où sont rassemblés les principaux Officiers, il donne le signal, & au bruit des fanfares militaires & des acclamations des nombreux spectateurs, les haches tombent sur les câbles, le dernier étai part, la lourde masse s'ébranle, & commence à glisser ; le mouvement s'accélère avec rapidité ; le frottement devient épouvantable ; & tandis que d'épais tourbillons de flamme & de fumée s'élèvent sur son passage, elle est déjà tout entière dans la mer, & sa poupe paroît s'affaisser ; elle s'affaisse en effet, & se relève soudain : la mer, qui avoit fui, revient sur ses pas, & fait reculer à son tour les flots d'une multitude de curieux, & voilà le vaisseau immobile & installé dans l'élément qu'il doit maîtriser (1).

L'Hôtel de ville, placé sur le quai, est remarquable par les deux fameux thermes colossales qui servent de support au balcon ; ils furent sculptés par *Puget*. On raconte que cet Artiste ayant à se plaindre de deux Consuls qui étoient alors à la tête de l'administration, exprima les traits de leur visage sur ces figures ; la ressemblance étoit si frappante, qu'on ne pouvoit les méconnoître, & que ces Messieurs, après leur consulat, n'osèrent plus passer devant l'hôtel de ville. Il n'appartient qu'aux Artistes & aux Gens de Lettres de se venger d'une manière aussi puissante.

---

(1) Soirées Provençales, tom. II.

Lorsque le *Cavalier Bernin* passa dans Toulon, il vit & admira beaucoup ces deux figures de thermes; étant arrivé à Paris, il ne put s'empêcher de dire en parlant de Puget: *Je suis surpris que le Roi ayant parmi ses sujets un Artiste aussi habile, me fasse venir d'Italie.*

Puget réussissoit aussi dans la peinture, comme nous en donnons des preuves en parlant de Marseille. Il peignit, dans la maison qu'il occupoit à Toulon, au plafond d'une chambre, les trois Parques, qui sont d'une belle composition; cette maison appartient aujourd'hui à M. Gronet.

Dans l'église des *Capucins*, on voit un Saint-Félix par le même Artiste.

Dans l'église des *Dominicains*, on voit aussi du même une Annonciation.

La promenade de Toulon est nommée *le Champ de bataille*; c'est une grande & superbe place entourée d'un double rang de peupliers, de trembles, de micocouliers.

MANUFACTURES. On fabrique à Toulon des *pinchinats*, étoffe de laine fort grossière, mais assez recherchée.

PRODUCTIONS. Le terroir produit en abondance de l'huile, des capres fines, des figues *marseilloises* les plus délicates de la province; du muscat qui le dispute à celui de *Cassis* & de *Frontignan*, & un vin de *la Malgue*, peut être le meilleur des vins après le Bourgogne.

Pêche du Thon. Le thon qu'on pêche dans nos *madragues* (1), dit M. *Berenger* dans les *Soirées Provençales*, est encore une branche de commerce fort intéressante pour Toulon: rien de plus curieux que cette pêche... Ces monstres marins, dont plusieurs pèsent jusqu'à deux & trois cents livres, suivent la côte en foule, &, la tête hors de l'eau, bondissent, & sautent pesamment les uns sur les autres; ils entrent dans le canal de la rade, & donnent bientôt dans d'immenses filets de cordes qui les encagent, & d'où les plus robustes des hommes les tirent, à l'aide de quatre cabestans qui soulèvent le champ du filet, & le rapprochent également de quatre bateaux. Les pêcheurs travaillent d'un bras nerveux; le poisson, saisi par les ouies, se débat vainement, il fait en vain jaillir l'onde amère sur la face de son vainqueur: il est pris; mais souvent avant d'expirer il venge sa mort par un énorme soufflet qu'il applique sur la face du premier venu, & l'imprudent a besoin d'être ferme sur ses pieds pour ne pas être renversé du coup que lui assène la large queue du monstre agonisant.

Homme célèbre. Le Chevalier *Paul*, dont parlent si honorablement *Bachaumont* & *Chapelle*, commandoit la Marine à Toulon, pendant que ces aimables voyageurs y passèrent; *il est*, disoient-ils, *par sa charge, par*

---

(1) Filets immenses & ingénieusement composés de joncs cordés.

son mérite, & par sa dépense, le premier & le plus considérable de la ville :

C'est ce Paul dont l'expérience
Gourmande la mer & le vent,
Dont le bonheur & la vaillance
Rendent formidable la France
A tous les peuples du Levant.

Cet homme, de simple Mousse, parvint au grade de Chevalier de justice dans l'ordre de Malthe, & de Vice-Amiral de France ; grades qu'il honora par ses belles actions. La fortune ne lui fit jamais oublier son premier état. Un jour qu'il passoit sur le port de Marseille, accompagné des Officiers de Galères & des principaux Gentilshommes de cette ville, il aperçut un Matelot de sa connoissance qui n'osoit pas l'approcher. Le Chevalier *Paul* l'aborda : « Pourquoi me fuyez-vous, lui dit-il, croyez-vous que la fortune m'ait fait oublier mes amis » ? Ensuite, se tournant vers ceux qui l'accompagnoient, il leur dit : « Messieurs, voilà un de mes anciens camarades : nous avons été Mousses sur le même vaisseau ; la fortune m'a été favorable, elle lui a été contraire, je ne l'en estime pas moins ; souffrez que je m'entretienne un moment avec lui ». Il le tire de la foule, lui parle amicalement lui donne un rendez-vous, & lui fait avoir un petit emploi qui le mit en état de vivre honnêtement avec sa famille.

Au mois de mars 1660, Louis XIV vint à Toulon ; le Chevalier Paul donna au jeune

Roi une fête dans son jardin; parmi les moyens qu'il employa pour amuser la Cour, il y en eut un fort singulier; il fit attacher aux orangers de son jardin, des oranges confites, mêlées indistinctement avec les autres. On dit que quelques Dames, peu accoutumées à voir des orangers en plein vent, crurent de bonne foi que ces arbres produisoient naturellement des confitures.

Ce respectable militaire mourut à Toulon le 18 octobre 1667, ayant laissé, par son testament, tout son bien aux pauvres, & demandé d'être enterré parmi eux dans le cimetière.

Histoire Naturelle des environs. Les montagnes situées au nord de Toulon sont calcaires. Celle qu'on appelle le *Phaon*, contient dans les crevasses quelques filons d'un spath jaune & ondé, & toute la masse n'est qu'une pierre dure, d'un grain très-fin, dont on se sert pour les fortifications. Elle étoit, il y a environ quatre-vingts ans, couverte de vignobles jusqu'à mi-côte; ce n'est à présent qu'un rocher aride depuis la base jusqu'au sommet. On y voit, à une certaine hauteur, les murailles qu'on avoit élevées pour soutenir la terre; elles n'ont point empêché que les eaux ne l'aient entraînée.

Ces montagnes sont une des causes des chaleurs excessives qu'on éprouve à Toulon pendant l'été, soit parce qu'elles mettent la ville à l'abri du vent frais du nord, soit parce qu'elles donnent une nouvelle force à la réverbération du soleil. Mais aussi on leur doit ces eaux vives qui fournissent à toutes les fontaines de

Toulon :

Toulon; elles contribuent à entretenir la verdure & la fécondité dans ces campagnes riantes qu'on voit tout le long du Golfe s'abaisser, par une pente insensible, depuis le pied des collines jusqu'au bord de la mer.

Le côteau de la Malgue, si renommé par ses bons vins, & si remarquable aujourd'hui par le fort qu'on vient d'y bâtir, n'est qu'un schiste d'une couleur qui varie beaucoup.

On trouve dans le même terroir du *kermés* ou vermillon; mais cet insecte est plus commun sur les collines qui bordent la mer, depuis Toulon jusqu'à Saint-Tropez ; on le détache de l'arbre avant que le soleil ait enlevé la rosée.

Le *murex*, que les anciens estimoient tant pour la teinture en pourpre, se trouve dans la mer, près de Toulon & ailleurs. (*Voyage de Provence*).

LA SAINTE-BEAUME.

Entre Aix, Marseille & Toulon, & à deux lieues de la petite ville de Saint-Maximin, est la montagne fameuse appelée *la Sainte-Beaume*, où, suivant la tradition du pays, Sainte-Madeleine se retira pour faire pénitence, & y vécut, pendant trente ans, dans une grotte que depuis l'on a honorée & décorée comme une chapelle.

Cette grotte est élevée, au dessus du niveau de la mer, à quatre cents soixante-neuf toises ; des flambeaux qui y brûlent jour & nuit, l'éclairent, & laissent voir la figure gigantesque de la Sainte. Au fond, & derrière l'autel, est un réservoir d'une eau excellente qui ne tarit ja-

Partie I. H

mais ; outre cette propriété miraculeuse, elle a celle d'être toujours pure & très-salubre. On doit attribuer ces dernières qualités à la pierre d'un grain très-fin, à travers laquelle cette eau filtre, & à l'élévation de la montagne, qui, à cette hauteur de l'atmosphère, reçoit une pluie moins chargée d'exhalaisons que dans la région inférieure.

A côté de cette grotte, & au milieu d'un rocher taillé à pic, on a construit un couvent de Jacobins ; ce couvent & cette grotte, placés à une si grande hauteur, ont fait dire aux voyageurs *Bachaumont* & *Chapelle*, que leur construction est miraculeuse : car, disent-ils, il est bien aisé de voir que les hommes

> N'y peuvent avoir travaillé ;
> Et l'on croit, avec apparence,
> Que les saints esprits ont taillé
> Ce roc, qu'avec tant de constance
> La Sainte a si long-temps mouillé
> Des larmes de sa pénitence :
> Mais si, d'une adresse admirable,
> L'Ange a taillé ce roc divin,
> Le démon, cauteleux & fin,
> En a fait l'abord effroyable,
> Sachant bien que le Pélerin
> Se donneroit cent fois au diable,
> Et se damneroit en chemin.

Au sommet de la montagne est une chapelle nommée *le Saint-Pilon* ; on y arrive par un chemin pierreux & difficile. C'est-là, disent les Légendaires, que Sainte Madeleine étoit sept fois par jour transportée par les Anges, & qu'étant ainsi élevée dans une haute région de l'atmosphère, elle découvroit plus à son aise le séjour des bienheureux.

Les curieux qui n'ont pas le bonheur d'être saints, n'y voyent point la même chose ; mais ils y découvrent une vaste perspective & une grande partie de la Provence.

Pendant les fêtes de la Pentecôte, le concours des dévots est plus considérable ; mais les pèlerinages sont bien moins fréquens, & les Pèlerins bien moins distingués qu'autrefois : on n'y voit plus que des personnes du peuple.

La Sainte Beaume a été souvent visitée par des personnes illustres ; tous les Comtes & toutes les Comtesses de Provence en ont fait le voyage. En 1516, la mère & la femme de François Ier, avec la Duchesse d'Alençon, gravirent cette montagne par dévotion ; la Duchesse de Mantoue, passant en France, l'année suivante, avec une suite nombreuse, fit le même voyage ; Eléonore d'Autriche, seconde femme de François Ier, le Dauphin, les Ducs d'Orléans & d'Angoulême voulurent aussi gagner les Indulgences attachées à ce pèlerinage. Enfin, en 1660, Louis XIV, le Duc d'Anjou son frère, la Reine mère, & une partie de la Cour allèrent aussi à la Sainte-Beaume.

La dévotion pour la Sainte Beaume est beaucoup diminuée depuis que l'opinion, établie par l'ignorance & l'avidité des Moines, de l'arrivée de Sainte-Madeleine en Provence, de son long séjour, & de sa mort dans la grotte, est tombée en discrédit; & depuis qu'on sait que Marie-Madeleine, toujours confondue par le peuple avec la pécheresse de l'Evangile, n'est jamais venue en Provence, ni en France : elle souffrit le martyre à Ephèse, & y fut enterrée; la fable grossière, inventée par les Moines, n'a pas besoin d'être plus longuement réfutée (1). (Voyez *Saint-Maximin, pag.* 118.).

HISTOIRE *Naturelle.* « La hauteur de la montagne au *Saint-Pilon*, est de cinq cent quatre toises, dit M. l'Abbé Papon; de là, on jouit du spectacle le plus imposant qu'il y ait en Provence. On découvre au loin plusieurs chaînes de montagnes qui s'élèvent graduellement les unes au dessus des autres, & qui étonnent par leur hauteur; celle de *Tende*, & le *Mont-Vison*, toujours couvert de neiges; le *Mont-Ventoux*, les *Cévennes*, & d'autres montagnes du Languedoc bornent l'horizon au nord, depuis l'est jusqu'à l'ouest; le midi est terminé par la mer, sur les bords de laquelle on voit le lac de Berre, l'embouchure du Rhône, & un peu plus haut, le cours de la Durance, qu'on distingue aux vapeurs qui s'élèvent de son lit; en un mot, on aura alors presque toute la Provence sous ses yeux, & si on l'a déjà étudiée dans le détail, on aura le

---

(1) Voyez l'Histoire Ecclésiastique de Fleury & la Dissertation sur la sainte larme de Vendôme, par M. l'Abbé *Thiers*, chapitre IV; on y prouve, d'après les témoignages les plus respectables, que cette Sainte n'est jamais venue en France.

plaisir délicieux d'en observer en grand l'organisation générale.

» Quand on est au *Saint-Pilon*, il faut jeter les yeux sur le précipice ouvert au dessous du côté du nord; la montagne, taillée à pic dans une élévation de soixante toises, sur une largeur considérable, présente un aspect affreux; on y verra quelques arbustes suspendus aux fentes du rocher, des hirondelles, & plus souvent des oiseaux de proie, & au bas des masses énormes de pierres qui se sont détachées de la montagne, & qui, en tombant, ont laissé à découvert la grotte superbe dont on a fait la chapelle de la Madeleine.

» De Saint-Pilon, continue M. l'Abbé Papon, on peut aller à la *pointe aux Béguines*; on verra, au revers de la montagne, du côté du midi, des effets d'une secousse violente, qui a soulevé, déchiré, brisé les rochers; les débris sont entassés confusément dans les endroits où l'action a été la plus forte. Les pierres sont cassantes, & généralement criblées de petits trous semblables à ceux qu'on voit à l'extrémité des os calcinés.

» *La pointe des Beguines*, qu'on appelle aussi *la montagne de Saint-Cassien*, est appuyée sur une grotte qui va du nord au midi, dans un espace d'environ cinquante pieds, depuis l'entrée jusqu'au fond, & de trente dans sa plus grande élévation. La matière spatheuse, d'un grain très-fin, a coulé en forme de lave; du côté du nord, on en distingue plusieurs couches l'une sur l'autre, qui font une masse d'environ trente pieds d'épaisseur; celle qui a coulé du côté de l'ouest-sud-ouest, forme en général de petites colonnes de différentes grosseur. Vers l'autre bout de la montagne, à l'ouest, on trouve la *grotte des œufs*, dont les congellations sont plus belles & plus diversifiées; à la pointe des Béguines on est à six cent quatre toises au-dessus de la mer ». (*Voyage de Provence*).

SAINT-MAXIMIN.

Petite ville située à deux lieues de *la Sainte-Baume*, célèbre par son église, qui est aujourd'hui la seule paroisse, & qui fut reconstruite en 1295 par Charles II, Roi de Naples & Comte de Provence, & donnée aux Pères Dominicains. Ce Prince fit rebâtir l'église, qui est sans portail, mais d'une architecture gothique qu'on peut regarder comme un des plus beaux monumens en ce genre du treizième siècle. Le réfectoire est aussi fort beau, & peut contenir environ cinq cents convives. Le trésor, qui fut visité par Louis XIV, est rempli de précieuses reliques, parmi lesquelles on distingue une phiole contenant de la poussière teinte du sang de Notre Seigneur, que la Madeleine ramassa au pied de la croix, & porta en Provence; on dit que le Vendredi-Saint cette poussière s'élève en petits bouillons.

On y conserve sur-tout la tête de Sainte-Madeleine, qui fut, suivant la tradition du peuple & des Légendaires, enterrée dans cette église, après avoir reçu la communion des mains de Saint-Maximin, premier Evêque d'Aix, qui est, dit-on, aussi enterré dans la même église.

Les Dominicains de Saint-Maximin croyent, ou du moins veulent faire croire qu'ils possèdent la plus grande partie des reliques de Sainte-Madeleine. Les Chanoines de Vezelai, en Bourgogne, croyent, de la même manière, posséder le corps entier de Madeleine ; ils disent que, lors des incursions des Normands, le corps de cette Sainte fut transporté, de Provence, dans leur église ; cependant de savans Historiens ont prouvé que les reliques de Madeleine n'étoient ni en Bourgogne ni en Provence ; qu'elle mourut à Ephèse, & y fut enterrée, & que son séjour en Provence est une fable inventée au treizième siècle par des Moines intéressés.

Deux Frères Prêcheurs, dont l'un étoit Confesseur de Charles II, Fondateur de l'église, firent fouiller la terre dans un certain endroit, & y trouverent, sans beaucoup de peine, un corps qu'ils dirent être celui de Sainte-Madeleine. Dans le même cerceuil, les Moines trouverent une inscription sur du *bois incorruptible*, dont voici la substance :

L'an sept cent de la nativité de Notre Seigneur, le seizième jour de décembre, régnant ODOUIN, *Roi de France, du temps de l'incursion des Sarrasins, le corps de Sainte-Madeleine fut transféré, la nuit très-secrètement, de son sépulcre d'albâtre en celui de marbre.*

On a remarqué que ce mensonge monacal étoit encore plus grossier qu'intéressé ; qu'il n'y eut jamais de Roi de France nommé *Odouin*,

& que l'an 700, régnoit Childebert II. Il seroit inutile d'entrer plus avant dans cette querelle, on doit observer seulement que ces deux Frères Dominicains ignorans parvinrent, par cette fourberie, à persuader au Comte de Provence que le corps trouvé étoit celui de Sainte-Madeleine, & que l'inscription étoit authentique; en conséquence ils déterminèrent ce prince à y faire construire une superbe église, & à donner aux Religieux de leur ordre le monastère & les biens en dépendans, qui étoient auparavant occupés par des Bénédictins.

GEMENOS ET SAINT-PONS.

Gemenos est un château, avec des jardins magnifiques, appartenant à M. le Marquis *d'Albertas*, situé à quatre lieues de Marseille, & à une bonne lieue de la petite ville d'Aubagne.

Ce qui fait le charme des jardins de Gemenos, c'est l'abondance des eaux qui descendent des montagnes, & qui y sont dirigées avec beaucoup de goût.

DESCRIPTION. Le parterre, situé à côté, est fort grand; au milieu de chacun des quatre carrés qui le divisent, est un bassin avec des jets de différentes formes, qui produisent des effets très-pittoresques; ce parterre est bordé au midi & au couchant par un fossé d'où s'élève plusieurs jets. Au delà de ce fossé, du côté occidental, est une belle allée de peupliers, au bout de laquelle est une superbe cascade.

Parmi plusieurs plantes rares qui sont cultivées dans ce beau jardin, on distingue le *cierge du Pérou*, appelé par les Botanistes *lactus grandiflorus*. La floraison de cette plante est fort extraordinaire ; ces fleurs s'épanouissent & restent dans cet état jusqu'à six heures du matin ; elles répandent alors une odeur agréable & douce de vanille.

SAINT-PONS. De ces jardins délicieux, on doit continuer sa promenade jusqu'à *Saint-Pons*, située dans les montagnes, à une petite lieue de Gemenos ; on y voit des beautés d'un autre genre : un terrain serré entre trois montagnes, arrosé dans des endroits, sillonné dans d'autres par des torrens, ou profondément creusé par la chute des eaux, forme un sîte pittoresque & animé. La nef d'une église d'une ancienne abbaye détruite, quelques vestiges du cloître donnent du mouvement à ce paysage, & forment un contraste frappant au milieu des objets champêtres & solitaires dont M. le Marquis *d'Albertas* a su ingénieusement profiter pour composer ce qu'on appelle un jardin anglois.

Les ruines de cette abbaye de *Saint-Pons* rappellent à l'imagination, non le sentiment pénible des austérités claustrales, mais le merveilleux de l'ancienne & chevaleresque galanterie.

C'étoit un monastère de filles, de l'ordre de Cîteaux, fondé en 1205. Plusieurs Demoiselles, d'un nom illustre, dit M. l'Abbé Papon, alloient s'y consacrer à la retraite. Il y avoit parmi elles, vers le milieu du treizième siècle, Huguette & Etiennette *de Baux*, qui, suivant l'expression du Chevalier *Blaccas*, *étoient la gloire & le soutien des vertus & de l'hon-*

neur, & avoient fait les délices de la cour & la joie de la Provence.

Blaccas étoit Troubadour, dit le même Historien; il aimoit une de ces Dames, en laquelle il trouvoit *toutes les vertus, excepté la miséricorde*. Il eut tant de chagrin de lui voir prendre le parti de la retraite, qu'il dit dans une de ses pièces : *Je suis tenté de mettre le feu au monastère, & de brûler les Nones.* Il étoit capable de le faire.

Cette abbaye étoit dirigée par des Religieux du même ordre, qui avoient un couvent auprès; ce voisinage de célibataires des deux sexes, dont il y avoit autrefois plusieurs exemples, produisit bien des désordres. On est homme avant d'être Religieux; les Nones & les Moines le sentirent, & chez eux la nature eut souvent la préférence sur la règle. D'ailleurs la galanterie chevaleresque qui avoit pénétré jusques dans les cloîtres, autorisa le relâchement & la licence; de sorte que ces deux couvens furent supprimés dans le quinzième siècle.

On voit dans le vallon de Saint-Pons quatre fabriques de papier, deux martinets, un fouloir pour des bonnets de laine, tricotés à l'usage des Turcs, &c.

HIÈRES.

Ville, chef-lieu d'une Sénéchaussée & d'une Viguerie, située sur le penchant d'une colline dont l'aspect est au midi, déclinant un peu au levant, à peu de distance de la mer, à trois fortes lieues de Toulon, & à quatorze lieues d'Aix.

DESCRIPTION. Quand on arrive de Toulon à Hières, il semble, en entrant dans la contrée délicieuse où cette dernière ville est située, qu'on change tout à coup de climat ou de saison. Le printemps y est continuel, & l'hiver, qui, dans les autres contrées de la France, attriste & engourdit la nature, respecte ce côteau favorisé, & y laisse presque toujours régner une température douce qui maintient la verdure & la végétation : » Que ce lieu nous plût ! lit-on dans le voyage de Bachaumont & de Chapelle, qu'il est charmant ! Quel séjour seroit-ce que Paris sous un si beau climat !

> Que c'est avec plaisir, qu'aux mois
> Si fâcheux en France & si froids,
> On est contraint de chercher l'ombre
> Des orangers qu'en mille endroits
> On y voit, sans rang & sans nombre,
> Former des forêts & des bois !
> Là, jamais les plus grands hivers
> N'ont pu leur déclarer la guerre :
> Cet heureux coin de l'Univers
> Les a toujours beaux, toujours verts,
> Toujours fleuris en pleine terre.

Les campagnes d'Hières sont ombragées, parfumées, enrichies par les fleurs, les fruits, de grands & féconds orangers, citronniers, limoniers, pêchers, grenadiers, &c. placés sans ordre & confondus ensemble.

Histoire. La ville d'Hières, en latin *arcæ*, n'a guère que mille ou onze cents ans d'antiquité. Elle fut donnée, vers le onzième siècle, à un cadet de la maison de Marseille, de la branche des Seigneurs de Foz.

L'Abbaye de filles, de l'ordre Cîteaux, étoit autrefois un monastère de Bénédictins qui furent supprimés à cause de leur relâchement. Les Religieuses qui remplacèrent ces Religieux, habitoient le lieu de Saint-Pons-Gemenos (1). Le voisinage de la mer les exposant aux incursions des Pirates, elles vinrent se retirer à Hières, dans le couvent qu'elles habitent encore.

De la terrasse de cette abbaye, on voit la ville, les jardins, la mer & les trois îles connues des anciens sous le nom de *Stœcades*, & aujourd'hui sous celui d'île d'or ou d'*Hières* : ce coup-d'œil est magnifique.

Hommes illustres. Hières a droit de s'enorgueillir d'être la patrie du célèbre *Massillon*, un des plus habiles Orateurs de la France. Par son éloquence douce, persuasive & touchante, il subjugue encore les sentimens de tous ses Lecteurs. Louis XIV, après avoir assisté à un de ses sermons, disoit : *Mon père, j'ai entendu plusieurs grands Orateurs dans ma chapelle, j'en ai été fort content : pour vous, toutes les fois que je vous entends, je suis très-mécontent de moi.* Cet illustre Orateur, ce Prélat respectable mourut, en 1742, au châ-

---

(1) Voyez ci-devant *Gemenos & Saint-Pons*, page 120.

teau de Beauregard en Auvergne. Nous nous réservons, à cet article, de donner quelques détails intéressans & peu connus sur cet homme célèbre.

Environs d'Hières. Les montagnes de Laverne, qui sont au nord-est de la ville d'Hières, renferment des objets curieux d'Histoire Naturelle. On trouve, en allant vers ces montagnes, dans le village de *Collobrières*, une mine de plomb très-abondante. Si l'on suit le chemin du village de *Pierre-Feu*, on rencontre de la pierre arménienne, des rochers de jaspe brun, & à Pierre-Feu, un porphyre de couleur de lie de vin.

Chartreuse de Laverne. Si l'on va à la *Chartreuse* de Laverne, située dans un pays intéressant pour les Naturalistes, on en voit le monastère, qui est bâti de trois sortes de pierre qu'on tire des environs; la première est un schiste compacte; la seconde une pierre ollaire, dure, peu grasse au toucher, entremêlée de petites parties d'asbeste, & assez semblable extérieurement au plâtre gris; elle est comme marbrée en gris & noir, & n'est pas susceptible de recevoir le poli; la troisième est une serpentine talqueuse qu'on trouve sur le chemin de Cogolin; elle est solide, opaque, d'un vert foncé, mouchetée de taches verdâtres & noires, & prend un assez beau poli : elle ne fermente point avec les acides ; mais elle est sujette à se fendre dans les endroits où est le talc.

On trouve encore près de cette Chartreuse, de l'asbeste, du verre de Moscovie qui se sépare en lames flexibles extrêmement minces & transparentes, & des bancs de talc blanc & de talc jaune séparé en petite lames, &c.

BRIGNOLLES.

Ville, chef-lieu d'une Sénéchauffée & d'une Viguerie, située dans une contrée fertile, & sur-tout abondante en prunes, entre les deux petites rivière de Caramie & d'Issole, à six lieues de Toulon, dix de Marseille, & à neuf lieues d'Aix.

ORIGINE. On croit que le nom de *Brignolles*, en latin *Brinonia*, est composé de deux mots celtiques, *brin*, qui veut dire prune, & *on*, bonne. Ainsi, ce nom est dû à la bonté des prunes qui naissent abondamment dans ce terroir. De là on présume que le prunier, arbre exotique, fut apporté & cultivé dans les Gaules par les Marseillois, avant que la langue latine fût en usage dans le pays.

Autrefois la salubrité de l'air qu'on respire à Brignolles étoit si vantée, que les Comtesses de Provence s'y transportoient pour y faire leur couches; elles y faisoient aussi nourrir les Princes leurs enfans, c'est pourquoi il y a des titres où cette ville est appelée *Villa puerorum*, *ville des enfans*. Saint-Louis, Évêque de Toulouse, fils de Charles II, Comte de Provence, y vint au monde en 1274.

Dans les temps désastreux des guerres civiles, les différens partis qui ravagèrent la Provence, se disputèrent la ville de Brignolles, comme une place importante.

ANECDOTE. Le Duc d'Epernon s'en rendit maître en 1595, dans le temps que le Parlement & la plus grande partie de la Provence s'étoient réunis pour le faire dépouiller de son gouvernement... Pendant que ce courtisan séjournoit dans Brignolles, un paysan imagina un moyen pour le faire périr ; il plaça dans la maison où logeoit ce Duc, & au dessous de la salle où il dînoit, deux sacs de poudre, qui, par le moyen d'une mécanique mise en mouvement par une ficelle, devoient s'enflammer & faire sauter la maison.

Quelques personnes, ignorant le complot, voulurent regarder ce qui étoit contenu dans ces sacs ; en les déliant, le feu prit, l'explosion fit sauter le plancher, renversa le mur mitoyen, & auroit causé plus de ravages, si les portes & les fenêtres, qui se trouvèrent ouvertes, n'eussent donné une libre issue à la flamme, & par conséquent offert moins de résistance à son effort. Le Duc d'Epernon ne fut blessé qu'au bras droit & à la cuisse, & eut les cheveux & la barbe brûlés ; les convives, culbutés par la chûte du plancher, en furent quittes pour quelques meurtrissures.

COTIGNAC.

Bourg considérable, avec titre de Baronnie, situé dans une contrée montagneuse, mais agréable & fertile, à sept lieues & demie de Fréjus, à onze & demie d'Aix.

Notre-Dame des Graces. Ce bourg est célèbre par une chapelle sous l'invocation de *Notre-Dame des Graces*, établie en 1520, comme il paroît par la Bulle de Léon X, qui en autorise la dévotion. Cette chapelle fut sous la direction de M. *Rollin Ferrier*, Prieur-Curé de Cotignac. Ce zélé Pasteur, voulant entretenir ou réveiller la dévotion des peuples pour cette chapelle, assembla, à Notre-Dame des Graces, quelques Ecclésiastiques avec lesquels il forma une maison ou congrégation, à l'instar de celle de l'Oratoire de Rome, ou de celle de Saint-Philippe de Neri ; il obtint pour cet effet une bulle d'érection du Pape Clément VIII, de l'an 1599. Dans un voyage qu'il fit à Paris, ayant reconnu, comme il l'écrivit alors, *la suave odeur de dévotion que répandoit par-tout la conversation & vie exemplaire* des Oratoriens de cette capitale, il projeta de réunir sa congrégation à celle de l'Oratoire : le 14 janvier 1615, cette réunion fut exécutée.

Par le traité d'union, il fut accordé à Notre-Dame des Graces, qu'elle seroit la première en rang après celle de Paris, attendu qu'elle s'étoit réunie avant toutes les autres.

Le sieur *Rollin-Ferrier* conserva toujours beaucoup de relations & entretint une correspondance avec le Cardinal *Baronius* ; on garde encore plusieurs lettres de ce Cardinal, dans cette maison.

Ce nouvel établissement dut attirer beaucoup de dévots ; en effet, on y vit bientôt de toutes parts accourir des pélerins ; il y eut plusieurs miracles d'opérés, le plus fameux est celui qu'on va lire :

Anne d'Autriche, pendant vingt-trois ans de stérilité, faisoit à toutes les chapelles célèbres du royaume des vœux pour avoir un fils ; ces vœux n'étoient point exaucés. Le Frère *Fiacre*, Augustin, voyant cela, demanda à Dieu la fécondité de la Reine. Aussi-tôt la Vierge lui apparut le 3 novembre 1637, & lui promit que cette Princesse accoucheroit, si elle vouloit seulement faire trois neuvaines, dont une à *Notre-Dame des Graces*. Pour preuve que cette apparition n'étoit point un rêve du Frère Fiacre, la Vierge lui apparut, suivant un dévot historien, vêtue de la même manière qu'elle étoit représentée dans un tableau qu'on voit encore dans l'église de Notre-Dame des Graces, & que Frère Fiacre n'avoit jamais vu.

Le Roi & la Reine ayant appris les détails de cette apparition, envoyèrent en Provence le Frère Fiacre, afin qu'il vérifiât lui-même s'il ne s'étoit pas trompé. Lorsqu'il y fut arrivé, il assura que la Vierge étoit peinte dans ce tableau tout comme il l'avoit vue dans son extase. Alors le Roi & la Reine ne doutèrent plus de la sainteté du Frère Fiacre, de la vérité de son apparition, & ils le chargèrent de faire pour eux, à Notre-Dame des Graces, une neuvaine, afin d'obtenir du ciel le fils qu'ils désiroient.

Le Roi écrivit alors une lettre, que les Prêtres de l'oratoire de cette maison conservent encore. La Reine accoucha l'année suivante : ceux qui connoissent bien l'histoire de ce temps-là savent pourquoi. Cette Princesse, après ses couches, résolut de faire bâtir une belle chapelle aux Augustins de la place des Victoires, pour remercier le Frère Fiacre; elle vint ensuite elle-même à Notre-Dame des Graces, &

Partie I.   I

y apporta un tableau qu'on y voit encore, représentant le jeune Prince aux pieds de la Vierge : puis elle fonda six Messes pour être célébrées dans cette église.

Cette Princesse, Espagnole de naissance, l'étoit aussi, disoit-on, par ses pratiques superstitieuses, par ses cabales & son entêtement, qui causèrent tant de maux à la France. Elle fit toujours beaucoup de bien aux églises & beaucoup de mal aux François. Lorsqu'en 1660 Louis XIV alloit épouser l'Infante Marie-Thérèse, cette Reine conduisit ses deux fils à *Notre-Dame des Graces*. Le jeune Roi fit présent à la Vierge de son cordon bleu, lui envoya ensuite son contrat de mariage, & le traité des Pyrénées, magnifiquement reliés en un volume ; ces objets sont précieusement conservés dans la Bibliothèque de cette maison.

Dans l'église, on lit sur une table de marbre noir, placée à côté de l'autel, l'inscription suivante :

Louis XIV, Roi de France & de Navarre,
donné à son peuple par les vœux
qu'Anne d'Autriche, Reine de France, sa mère,
a faits dans cette église,
a voulu que cette pierre fût ici posée
pour servir de monument à la postérité,
& de sa reconnoissance,
& des Messes que sa libéralité y a fondées
pour l'ame de sadite mère.
le XXIII avril M. DC. LXVII.

RIEZ.

Cette ville épiscopale est située à deux lieues de Moustier, à six & demie de Dignes, & à douze lieues d'Aix; elle portoit anciennement le nom de *Reii* ou bien de *Colonia Reiorum apollinarium.*

ORIGINE. César envoya dans ce pays une colonie Romaine, qui fonda cette ville, dont les habitans furent nommés *Apollinares*, à cause du culte particulier qu'ils y rendoient à Apollon.

Les nombreux monumens qu'on a découverts dans des fouilles, ou qui existent encore, sont une preuve de l'ancienne magnificence de cette ville. Il est malheureux pour les Beaux-Arts & pour l'Histoire, que les habitans de Riez ne se soient pas plutôt dépouillés de cette indifférence, de ce mépris pour les restes précieux de l'antiquité, de ce caractère digne des peuples féroces & ignorans qui ont ravagé l'Europe, & qui se plaisoient à détruire ce que le bon goût & le génie avoient élevé à grands frais.

On auroit pu rassembler, dans cette ville, une collection des plus précieuses, de médailles, d'urnes, de petites idoles, de statues, d'anciens instrumens destinés aux sacrifices, &c.; mais l'esprit intéressé & peu curieux des habitans a tout négligé ou détruit. On y a vu dans ce siecle-ci des Maçons dégrader en un instant des raretés que le temps & les barbares avoient épargnés pendant plus de douze cents ans; des pierres chargées d'inscriptions intéressantes, ont servi aux fondemens des édifices modernes; des autels antiques, des chapiteaux, des frises magnifiques ont été indifféremment mutilées, taillées & détruites comme des pierres brutes.

ANTIQUITÉS. Malgré cette indifférence, il reste encore à Riez des monumens antiques considérables. Le *Panthéon*, qui forme aujourd'hui l'église de Saint Clair, a été magnifiquement décrit par un Prêtre de cette ville, nommé *Bartel*, qui fit imprimer, en 1636, un ouvrage intitulé, *Historica & Chronologica Præsulum Sanctæ Ecclesiæ Reg. Nomenclatura, &c.*

La forme extérieure de ce Panthéon est carrée, celle de l'intérieur est ronde; il est soutenu par huit colonnes corinthiennes de granit qui ont vingt pieds de haut. Il y avoit autrefois à l'extérieur & à la naissance du dôme, trente-six colonnes de marbre d'une petite proportion, qui soutenoient douze niches où étoient placées les statues des douze grands Dieux. Un Evêque appelé M. *Valavoire*, sans respecter la propriété des habitans, ni l'antiquité de cet édifice, l'a dégradé en faisant enlever & transporter ces petites colonnes hors du diocèse, dans les terres de sa famille. Il est vrai que, pour dédommager les habitans de cette spoliation, ce Prélat fit bâtir l'aîle qui est devant cet ancien monument dont ses prédécesseurs avoient fait un baptistère.

Pour les douze statues, elles furent aussi

enlevées long-temps auparavant par la Comtesse *Mabile*, qui les transporta dans sa terre de Sorps, proche Beauduen (1).

Le long du grand chemin, au dessous des Cordeliers, on voit quatre colonnes sur pied, qui sont les plus belles, les plus grandes de la province, & un des morceaux les plus curieux qui restent en France, des anciens Romains; elles sont de granit, & portent encore leur entablement : on présume qu'autrefois elles étoient au nombre de douze, & qu'au milieu s'élevoit la statue colossale du soleil. *Jule Raimond de Soliers* croyoit que ces quatre colonnes formoient la partie antérieure d'un superbe mausolée. Le Père *Miraillet* pensoit qu'elles étoient un reste de prétoire. Comme on n'a point trouvé d'inscription, on ne peut former que des conjectures sur l'espèce d'édifice auquel ces colonnes appartenoient.

Dans le siècle dernier, on trouva, parmi des ruines antiques, une très-grande pierre servant d'autel dédié à la mère des Dieux, & plusieurs fragmens de pierres précieuses.

En 1690, on découvrit une statue représentant un jeune homme de quinze ans, & tout auprès un bras de cuivre doré. En 1703, proche

---

(1) Le Père Miraillet, Jésuite, dit en 1654, dans ses *Entretiens délicieux*, à propos des Pièces antiques portées de Riez au château de Sorps, que son grand père ayant fait creuser auprès de ce château, trouva un grand Pégaze de jaspe, un Apollon de corail, une Andromède, une grande Minerve, un beau carré d'ivoire & d'ébène, &c.

du Panthéon, on déterra une grande pierre carrée qui avoit servi de socle à une statue du dieu Silvain. Environ l'an 1735, on trouva encore dans le lit du ruisseau oriental une petite idole de Mercure, &c.

DESCRIPTION. La ville de Riez avoit anciennement une grande étendue, & étoit divisée en haute & basse; mais les ravages des Sarrasins & des guerres civiles l'ont réduite au petit espace qu'elle occupe. Quoiqu'elle soit très-peuplée, & que les rues en soient étroites, l'air y est pur. On remarque que la plupart des maisons de cette ville ont des escaliers très-obscurs; il semble que les Maçons se soient accordés pour faire par-tout le même défaut de construction.

Riez se trouve presque situé au milieu de la la Provence; il est entre deux ruisseaux, & au bas d'une colline nommée le *Mont Saint-Maxime*. Cette ville n'a que deux portes, la première, qui est orientale, s'appeloit autrefois *la porte Aiguière*, elle est aujourd'hui nommée *la porte de la fontaine ronde*, à cause d'une belle fontaine qui est en face, & qui fournit abondamment de l'eau par neuf tuyaux; la seconde porte étoit anciennement appelée *la porte de Saint-Sol* (1), & aujourd'hui *la*

---

(1) C'est par l'ancienne porte de *Saint-Sol*, qu'au mois de juillet de l'an 478, le célèbre *Sidoine Apollinaire* fit son entrée à Riez, lorsqu'il vint visiter *Saint-Fauste*, Evêque de cette ville. Sidoine, appelé *C. Sollius Sidonius Apollinaris*, ne portoit vulgairement que le nom de *Sollius*. Pour conserver la mémoire de cette visite honorable, les habitans de **Riez**

porte de *Puimoisson* ; au de là de chacune de ces portes sont deux faubourgs considérables.

Il y a eu trois cathédrales à Riez; la première fut bâtie par les prédécesseurs de Saint-Maxime, sous le nom de *Notre-Dame du Siége*, parce qu'elle fut le premier siége de la religion chrétienne en cette ville ; elle étoit au dessus & vis-à-vis du Panthéon, dans l'endroit où l'on voit aujourd'hui une croix, qui est le seul reste de ce pieux monument. Son élévation au dessus du temple de tous les Dieux, marquoit le triomphe du Christianisme sur la religion des Romains. Comme les premiers peuples de Riez adoroient particulièrement la Mère des Dieux, les premiers Prélats de cette ville, pour ne point trop heurter de front les opinions des habitans, & les accoutumer, par un changement peu sensible, à la nouvelle religion ; substituèrent au culte de la Mère de tous les Dieux, celui de la Mère du Dieu des Chrétiens. Ils ne renversèrent point le Panthéon qui étoit voisin ; mais ils le sacrèrent, & le convertirent en bap-

---

donnèrent le nom de *Sollius* à la porte, à la rue, & au bourg par où *Sidoine* étoit entré, ainsi qu'à la fontaine qui avoisine cette porte, dont il préféroit l'eau à celle des autres fontaines de cette ville. Le peuple nomme encore cette fontaine *Sansous*, par corruption de *Sanctus Sollius*. Sidoine avoit épousé la fille de l'Empereur Avitus ; il devint Préfet de Rome, chef du Sénat, & Patrice ; il fut ensuite nommé, en 471, à l'évêché de Clermont. Charmé de la manière honorable & magnifique dont Fauste l'avoit reçu à Riez, Sidoine l'en remercia à son retour par un Poëme de cent vingt-huit vers.

tiftère, qui porta long-temps le nom d'églife baptifmale de Saint-Jean.

Saint-Maxime fit bâtir une feconde cathédrale très-magnifique, dont plufieurs Auteurs font la defcription. Elle étoit fituée fur le haut de la colline, pour la commodité des habitans de la ville haute nommée alors *Caftrum*; elle fut dédiée à *Saint-Alban*. La première églife conferva encore long-temps fon exiftence & fes prérogatives; mais ayant été détruite par les Sarrafins, le fiége épifcopal fut transféré à l'églife haute, qui prit alors le nom de fon Fondateur *Saint-Maxime*. Les guerres forcèrent dans la fuite les Evêques à convertir leur palais, voifin de cette églife, en une forterefse.

Enfin, lorfqu'en 1490 on jeta les fondemens d'une nouvelle églife proche les foffés de la ville, cette cathédrale fe trouvant éloignée, fut infenfiblement abandonnée. Elle conferva encore fon titre jufqu'en 1520; alors le fiége fut transféré dans la nouvelle, qui eft celle qu'on voit aujourd'hui : depuis on négligea d'y faire les réparations néceffaires. Vers l'an 1589, elle fut livrée aux ravages des foldats de la garnifon du château épifcopal, changé en citadelle, & fes portes demeurèrent toujours ouvertes; elle fervit même, dit-on, dans une grande tempête, de retraite au gardien commun des pourceaux, & à fon troupeau; mais on affure que cette efpèce de profanation fut fur le champ miraculeufement punie. Enfin les habitans de Riez, fatigués du voifinage des foldats de la garnifon qu'on entretenoit dans le château épifcopal, obtinrent, à prix d'argent, de rafer cette citadelle. En même-temps, dit un Historien du pays, « ils portèrent aussi, l'an 1596, leurs mains sacrilèges sur leur cathédrale; cette église si vénérable, si auguste, bâtie par leur saint patron, & qui avoit subsisté près de douze cents ans, sans avoir pour cet effet ni ordre, ni permission du Roi, ni du Gouverneur, & malgré l'opposition de l'Evêque & du Clergé. Ils avoient au moins conservé le sanctuaire jusques vers le mois d'octobre, mais ils le démolirent avant la fin de la même année (1) ».

Dans la suite, pour réparer la faute de leurs aïeux, les habitans de Riez firent élever, sur les ruines de cette ancienne cathédrale, une chapelle en l'honneur de Saint-Maxime; on y releva six colonnes sur leurs bases, on y fit de petits arcs semblables à ceux du Panthéon, on éleva ensuite deux autres grandes colonnes qu'on plaça sur le devant de la chapelle, qui fut achevée en 1665 ; c'est auprès de cette chapelle que M. Phelipeaux, évêque, fit, en 1719, bâtir le séminaire.

La troisième cathédrale qui existe aujourd'hui, fut construite, comme nous l'avons dit, en 1490 ; Saint-Maxime & Sainte-Thècle Martyre, en sont les patrons. Si la précédente cathédrale fut profanée & entièrement détruite en temps de paix par les catholiques habitans de Riez ; celle-ci fut pillée, ravagée en temps de guerre par des étrangers huguenots. Suivant l'Auteur ecclésiastique du manus-

---

(1) Un manuscrit intitulé, *Description historique de la ville de Riez en Provence.*

crit déjà cité, les Huguenots, commandés par beaucoup de Noblesse, entrèrent dans Riez en juillet 1574, « environ deux heures avant le jour, ils remplirent tout de meurtres, & ruinèrent presque cette ville; les Prêtres furent maltraités; plusieurs livres & anciens papiers furent brûlés; les ornemens, les vases sacrés furent pillés; les belles peintures qui étoient autour du sanctuaire, défigurées à coup de balles, aussi bien que la façade de l'église, qui paroît encore enfumée & brûlée; la voûte de la sacristie rompue, le clocher abattu, les cloches rompues & enlevées; enfin on ne laissa dans l'église que les quatre murailles; elle fut profanée jusqu'à y faire entrer les charrettes de l'artillerie ».

L'église & le couvent des Cordeliers furent démolis en cette occasion. Le Maréchal de Rets reprit cette ville sur les Huguenots au mois de décembre suivant.

La cathédrale fut peu à peu rétablie par la libéralité d'Henri III & par les soins de l'Evêque *Rastelli*; la sacristie fut achevée en 1594, & la construction du clocher ne commença qu'en 1599; il est placé à côté du sanctuaire. En 1647, M. *d'Attichi*, Evêque de Riez, augmenta la cathédrale de la nouvelle nef, fit faire la première des sept chapelles à ses dépens, & un caveau pour la sépulture des Evêques.

Usages anciens. Les payens faisoient à Riez, en l'honneur de Cybèle, un sacrifice appelé *des Touroboles*. On commençoit cette cérémonie par creuser une fosse profonde que l'on couvroit de planches trouées en plusieurs endroits ; sur ces planches, étoit étendu le taureau destiné au sacrifice. Le Prêtre, vêtu d'une robe de soie & la tête ceinte de bandelettes, se plaçoit au dessous de ces planches, & la victime étant égorgée, il se tournoit de tout côté pour recevoir sur ses habits le sang qui en découloit. Après son entier écoulement, il sortoit de la fosse tout couvert de sang, & le peuple se prosternoit devant lui comme devant la Divinité. Ces habits ensanglantés, qui leur inspiroient la plus profonde vénération, étoient conservés comme un objet sacré.

Ces sortes de sacrifices, appelés *régénération*, parce qu'on étoit persuadé que le sang de la victime purifioit toutes souillures, ne furent avouées à Rome, par le Gouvernement, que sous le règne d'*Antonin Pie*, vers le milieu du deuxième siècle, & ils furent ensuite pratiqués dans la Gaule.

PROMENADES. Les promenades de Riez, le long des prairies, sont très-agréables. Les côteaux voisins sont plantés de vignes & d'oliviers qui offrent une jolie perspective. *Daridel*, dans son *Histoire des plantes de Provence*, place les vins de Riez au nombre des meilleurs de cette province ; cette opinion est établie depuis long-temps par ce proverbe latin :

Vinum Rejense super omnia vina recense.

… MOUSTIERS.

C'est une petite ville située entre Riez & Senez, environ à deux lieues de l'une & de l'autre. Son nom, qui étoit autrefois commun à tous les couvens, même, dans de certains temps, aux églises, vient de *monasterium*, à cause d'un monastère qui y fut bâti, vers la fin du onzième siècle, par les religieux de Lérins. M. l'Abbé Papon pense qu'avant cette époque ce lieu étoit habité, & que sous les Romains il y avoit une ville qui fut détruite dans le moyen âge; les inscriptions sépulcrales qu'on y a trouvées en sont des preuves assez convaincantes.

DESCRIPTION. Ce qui est à remarquer à Moustiers, c'est la chapelle de *Notre-Dame de Beauvezer*, située entre deux montagnes fort hautes, fort escarpées, & séparées par un espace d'environ deux cent cinquante pieds; on y faisoit autrefois de nombreux pélerinages.

Quatre vers gravés sur la porte de cette chapelle, sont tirés d'un Poëme composé au cinquième siècle par *Sidoine Apollinaire*, & adressés à *Fauste*, Evêque de Riez (1). Ces quatre vers, mal entendus par les Historiens, ont accrédité la fable du pélerinage de Sidoine à cette chapelle, tandis que lui-même,

_____

(1) Nous avons parlé du voyage de Sidoine Apollinaire à Riez, & du Poëme qu'il composa à cette occasion. Voyez *Riez*, page 135.

loin de parler d'une visite à cette chapelle, ne fait mention que d'une visite qu'il a rendue à la mère de l'Evêque de Riez, femme respectable par son âge & sa vertu.

MONUMENT *singulier*. Une singularité de ce lieu que je crois sans exemple, mérite les regards des curieux. Aux deux sommets des montagnes entre lesquelles est cette chapelle, est attachée une chaîne de fer tendue en l'air, au milieu de laquelle est une grande étoile à cinq rais. On a débité beaucoup de fables sur cette longue & lourde chaîne; je crois qu'on doit préférablement s'en rapporter à cet égard au savant Historien de la Provence, M. l'Abbé Papon, qui pense que c'est un de ces vœux ordinaires dans les siècles de chevalerie.

« Nos preux Chevaliers, dit-il, qui faisoient des entreprises d'armes, se préparoient presque toujours à les exécuter par des actes de piété dans une église où ils se confessoient, & dans laquelle ils devoient envoyer à leur retour, tantôt les armes qui les avoient fait triompher, & tantôt celles qu'ils avoient prises sur les ennemis. Souvent ils promettoient des choses aussi bizarres que le caprice qui les dictoit.... La promesse d'enchaîner deux montagnes peut elle-même servir de preuve de la dévotion étrange de nos bons aïeux; car il n'y a pas de doute que ce ne soit ici un vœu dicté par la valeur, & fait par quelque ancien Chevalier à *Notre-Dame de Beauvezer*, au sujet de quelque entreprise d'armes, soit courtoise, soit à outrance. L'étoile suspendue à la chaîne n'est autre chose que les armes du chevalier qui fit le vœu. Plusieurs ont cru qu'elle avoit été mise par un Chevalier de la maison de *Blaccas*, qui possédoit une partie de la seigneurie de Moustiers, & qui portoit pour armes une étoile à seize raies. Un manuscrit assez ancien l'attribue à *Anne de Riquety*, qui vivoit, suivant toutes les apparences, vers l'an 1390».

M. Papon croit que si c'est un Chevalier *Blaccas*, il est le même que celui dont il a parlé dans son histoire de Provence, qui se rendit célèbre par son courage, par les agrémens de son esprit, & par les qualités de son cœur, & qui mourut vers le milieu du treizième siècle.

Ce qu'il y a de certain, c'est que cette chaîne a fourni le blason des armes de *Moustiers*. Cette ville porte azur à deux montagnes d'argent rangées en face, attachées vers la cime par une chaîne d'or, à un chaînon pendant au milieu, soutenant une étoile d'or.

FORCALQUIER.

Ville située sur les bords de la petite rivière de Laye, à deux lieues de la rive droite de la Durance, à cinq lieues & demie de Sisteron, & à dix de la ville d'Aix.

Cette ville, chef-lieu d'une Sénéchaussée, d'une Viguerie, étoit autrefois célèbre par son ancien titre de Comté.

ORIGINE. On croit que Forcalquier étoit connu du temps des Romains sous le nom de *Forum Neronis*, & que dans la suite il fut appelé *Furnus Calcarius*, parce que le château fut bâti proche un four à chaux.

Histoire. Vers l'an 961, Bozon II, Comte de toute la Provence, étant mort, ses états furent partagés entre ses trois fils *Guillaume I, Pons* & *Robaud I.* Le premier fut Comte de Provence ; le second, Vicomte de Marseille, & le troisième eut la seigneurie de *Forcalquier* qui comprenoit alors plusieurs villes de Provence. Forcalquier & ses dépendances n'eurent point alors le titre de *Comté* ; & il n'a été connu sous ce nom que vers la fin du onzième siècle. Le Roi porte encore aujourd'hui le titre de *Comte de Provence, & de Forcalquier.*

L'église collégiale de Forcalquier prend le titre de cathédrale, titre qu'elle prétend partager avec la métropole de Sisteron ; cette prétention est appuyée sur l'évènement suivant.

En 1060, *Gerard,* nouvellement élu Evêque de Sisteron, ayant été mal reçu par quelques Chanoines de son chapitre, se retira à Forcalquier avec ceux de son parti, & depuis ce temps l'église de Forcalquier s'intitule *Cathédrale.*

Ancien usage. « J'aime à citer, dit M. l'Abbé Papon, comme une preuve de la simplicité des mœurs antiques, ce plaid que Raimond Berenger IV tint à Forcalquier au commencement du treizième siècle, & dans lequel ce Prince, dont les quatre filles épousèrent les quatre plus grands Monarques de l'Europe, nous est représenté assis au haut de l'escalier qui conduisoit au clocher, les principaux Seigneurs de sa Cour occupant une place bien moins commode encore : c'étoit l'usage alors que les grands Vassaux rendissent la justice dans la cour de leur château, assis sur un perron ombragé, tantôt d'un orme ou d'un tilleul, tantôt d'un pin ou d'un autre arbre; & il y a des villages où l'on trouve encore un reste de cet ancien usage, dans l'habitude où l'on est d'assembler, en été, le Conseil de ville sous un orme ou sous un chêne.

Forcalquier, ainsi que toutes les villes & châteaux de la Provence, fut le théâtre de plusieurs combats ou massacres pendant les guerres de la religion. En 1572, les compagnies des Capitaines *la Molle* & *Limans* firent démolir le temple que les Huguenots avoient bâti dans cette ville.

Anecdote. A une lieue de Forcalquier est un village appelé *Mance.* Gassendi y passa en 1641, & y vit une femme plus qu'octogénaire, qui, après avoir perdu ses dents depuis quinze ans, souffroit des douleurs occasionnées par de nouvelles dents qui lui poussoient.

MANOSQUE.

Petite ville avec deux paroisses & une commanderie de Malte, située dans une vallée charmante, à trois lieues de Forcalquier, à sept & demie d'Aix, & à une demi-lieue de la rive droite des bords de la Durance.

L'ancienneté de cette ville ne remonte pas au delà du neuvième siècle. Les Comtes de Forcalquier y firent bâtir un château qu'ils habitoient pendant l'hiver, & qu'ils donnèrent, en 1200 aux hospitaliers de Saint-Jean de Jérusalem, avec le domaine temporel du lieu.

Curiosités. Dans la chapelle du château on voit le buste de *Gerard Tim*, Fondateur de de Malte, il est sculpté par *Puget*; cet ouvrage justement admiré est regardé comme une des belles productions de ce célèbre Artiste. Le corps de ce vénérable Fondateur est déposé dans cette chapelle; il fut transféré de Rhodes à Malthe, ensuite de ce dernier lieu à la commanderie de Manosque: il étoit né en Provence, & au lieu de Martigues.

ANECDOTE. Lorsque François Ier passa, en 1516, dans Manosque, il logea chez un particulier dont la fille lui avoit présenté les clefs de la ville. Cette fille étoit jeune, fort belle, & encore plus sage, comme on va le voir. Le Roi, qui, à l'exemple des héros de son temps, prenoit les jeunes filles qui lui plaisoient, comme on prend une forteresse, n'ayant pu voir sans émotion sa jeune & belle hôtesse, lui fit part, sans façon, de ses désirs, & du remède qu'il désiroit y apporter. La jeune personne, afin d'échapper à l'amour impérieux du Monarque, eût le courage de faire exhaler sur son visage de la fumée de soufre qui détruisit sa beauté, & la rendit méconnoissable.

Frappé d'un trait aussi rare de vertu & de force, le Roi, pour dédommager cette jeune fille & lui laisser un témoignage de son estime, lui assura une somme considérable pour sa dot.

MINÉRALOGIE des environs. « On a ouvert à Manosque plusieurs mines de charbon de terre. Le minéral qu'on en tire se décompose facilement à l'air, & laisse voir des cristaux de sulfate de fer, d'alumine, & de chaux; il répand une odeur de soufre très-marquée. Le soufre

Partie I. K

n'est point rare dans les montagnes du Leberon, on le trouve même cristallisé dans les rochers voisins de Manosque, où l'on rencontre des sources sulfureuses qui étoient fameuses autrefois pour guérir les obstructions ; elles noircissent l'argent, & ne changent pas de couleur par le mélange de la noix de galle ».

Il y a dans Manosque des puits dont l'eau n'a rien de désagréable, quand on la boit froide : elle devient amère en bouillant.

Dans les environs de cette ville, on trouve un banc de coquillages qui a plus de trois lieues de large.

SIMIANE.

A quatre ou cinq lieues, & au nord de la ville d'Apt, on trouve le lieu de Simiane, curieux par une rotonde antique, dont la forme extérieure est exagone ; chaque face a dix-sept pieds trois pouces de largeur ; la hauteur de tout l'édifice est de soixante pieds deux pouces ; le diamètre intérieur est de vingt-sept pieds & demi. Cette rotonde est éclairée par une ouverture faite au centre de la voûte, comme le Panthéon de Rome.

La forme de l'intérieur diffère de celle de l'extérieur ; elle est décagone, & présente douze angles & douze niches de onze pieds de haut & sept de large, séparées par des piliers à triples colonnes, qui portent les arcs des niches. A chaque pilier, la base de la colonne du milieu est chargée de la figure d'un animal en demi-relief : on présume que cette rotonde fut un temple dédié aux douze grands Dieux.

TOUR-D'AIGUES.

A quelque distance de la rive droite de la Durance, entre Aix & Apt, est le château de la Tour-d'Aigues, dont la terre, une des plus belles de la Provence, a été successivement possédée par des maisons puissantes & illustres.

Le château, par sa grandeur & son architecture, approche de la magnificence royale. *Louis de Perussis*, dans son *Histoire des guerres du Comté Venaissin, de Provence &c.*, parle de ce château avec grand éloge. Les Protestans y campèrent le 3 juin 1562. « C'étoit à cette époque, dit cet Ecrivain, un superbe, riche & fort château, pourvu de toutes commodités requises, & entre autres d'un somptueux & spacieux jeu de paume, de beaux étangs, parcs, jardinages, garennes, prairies, pigeonniers, moulins, labyrinthes, allées, & un rare jeu de palemar, fait avec grand artifice, le tout à vue du château, avec une belle & ample campagne, & quelques côteaux à l'assemblance de ceux de Toscane & de Montferrat ».

On croit qu'Antoine *Rusé de Bouliers* jeta les fondemens de ce château au commencement du seizième siècle, & qu'après lui *Antoine & Jean-Louis-Nicolas*, Barons de Cental, ses fils & petits-fils, continuèrent l'ouvrage. Suivant la tradition, c'est *Jean-Louis-Nicolas de Cental* qui a presque entièrement contribué à la construction de ce château; il voulut, par galanterie, le rendre digne de recevoir *Marguerite de Valois*, première femme *de Henri IV*, dont il étoit amoureux ; voici comme un Poète voyageur raconte la chose :

    Or ce Baron de Cental
    Fut épris d'une héroïne
    Qui lui donna maint rival,
    Voyageant en pélerine,
    Tantôt bien, & tantôt mal :
    Villageoise ou citadine,
    Promenant son cœur banal,
    De la cour de Catherine (1),
    A quelque endroit moins royal :
    Cette dame de mérite
    Fut la Reine Marguerite,
    Non celle à l'esprit badin,
    Qui, de tendres amourettes
    Des Moines & des Nonnettes,
    A fait un recueil malin ;
    Mais sa nièce tant prônée,
    Dont notre bon Roi Henri
    Fut pendant plus d'une année
    Le très-affligé mari ;
    Et qui plus qu'une autre femme
    Porta gravé dans son ame
    Le commandement divin
    De l'amour pour le prochain.

Le Baron fut trompé dans son attente :

    Au demeurant, la gentille Princesse
    Ne vit jamais ce lieu si beau,
    Et le Baron, qui l'attendoit sans cesse,
    En fut pour les frais du château.

―――――――――――――――――

(1) La cour de Catherine de Médicis.

DESCRIPTION. Pour recevoir plus galamment *Marguerite de Valois*, ce Seigneur fit, dit-on, sculpter en plusieurs endroits de ce château le chiffre de cette Reine & le sien, avec ces trois mots : *Satiabor cùm apparuerit*, qui expriment l'extrême joie qu'il auroit éprouvée en voyant la Princesse, objet de son amour.

La façade du château est estimée; l'esplanade qui est devant la principale porte est très-belle. Des Ducs de Villeroy, cette terre a passé M. Jean-Baptiste *Bruni*, Seigneur de *Saint-Canat*, & le château, sous ces différens propriétaires, a été successivement embelli.

On y voyoit autrefois une grande tour carrée, appelée *la Tour des Romains*; ce qui a fait présumer à M. l'Abbé Papon que du temps que ces peuples commandoient en Provence, il y avoit une ville à la place de ce château.

Les jardins répondent à la magnificence des bâtimens; on y voit, dit un Poète,

Des bosquets bravant les hivers,
Sur des voûtes fort élevées,
Tels qu'aux dépens de ses sujets,
Jadis une Reine amazone
En fit planter à Babylone,
Sur le faîte de son palais.

La Reine *Catherine de Médicis*, le 6 juillet 1579, logea dans ce château, & y séjourna jusqu'au lendemain au soir, accompagnée d'une suite brillante & nombreuse.

M. l'Abbé Papon pense que l'amour du Baron de Cental pour Marguerite de Valois est fabuleux, & que ce Seigneur fit graver les chiffres & devises dont nous avons parlé, & qu'on voit encore, à l'occasion du séjour que Catherine de Médicis fit dans ce château.

APT.

Ville épiscopale, située sur le torrent de Cavalon, à dix lieues & demie de Sisteron, à cinq & un tiers de Manosque, à huit & demie d'Avignon, & à sept & un quart d'Aix.

Origine. On croit que cette ville est une des plus anciennes de France, & que long-temps avant la domination des Romains, elle existoit sous le nom de *Hat*. Ce qui est mieux prouvé, c'est qu'elle fut fondée, ou bien rétablie par Jules-César, qui trouva sa position commode pour le passage des troupes qu'il envoyoit en Espagne contre les enfans de Pompée; elle fut alors nommée *Apta Julia Vulgentium*.

Les habitans d'Apt élevèrent un temple à l'honneur de César Auguste; plusieurs inscriptions découvertes attestent ce fait, dont il y avoit alors peu d'exemple dans la Gaule.

Antiquités. L'Empereur Adrien séjourna dans cette ville, & y perdit son cheval favori, appelé *Boristhène*, parce qu'il avoit été nourri sur les bords du fleuve de ce nom. Pour faire leur cour à l'Empereur, les habitans d'Apt, par une sotte adulation, érigerent un superbe mausolée à ce cheval.

Ce monument fut découvert l'année 1604, en creusant un puits dans la cour du palais épiscopal. Il étoit de marbre noir; on y avoit gravé une belle épitaphe dont on a recueilli les fragmens, & que plusieurs Savans ont tâché de compléter, en voici la traduction:

Ci gît Boristhène, Alain d'origine, cheval de César, qui couroit à traver les eaux, les marais, & les campagnes de Panonie ou d'Etrurie, jonchées de tombeaux; que nul sanglier n'osa attaquer lorsque l'Empereur le montoit à la chasse; qui n'écuma ni de la bouche ni de la croupe, comme cela arrive aux autres chevaux, & qui se maintint jeune, sain, & vigoureux jusqu'à son dernier jour.

Les divers monumens qu'on a trouvés dans cette ville prouvent qu'elle avoit de superbes édifices & de beaux priviléges. Pline dit qu'elle jouissoit du droit d'italique ou de latinité, auquel plusieurs prérogatives étoient attachées. Au commencement de ce siècle on découvrit trois statues qui furent transportées à Versailles en 1728, & qui représentoient un père, son épouse, & leur fille.

Apt fut successivement dévastée par les Lombards & les Sarrasins; sous la domination des Comtes, elle essaya de se rendre indépendante, & le fut à certains égards.

DESCRIPTION. La cathédrale d'Apt est sous l'invocation de Notre-Dame de Saint-Castor & de Sainte-Anne. Le trésor renferme le chef de cette Sainte, enchâssé dans un reliquaire d'or; ceux de Saint-Auspice, de Saint-

Caſtor, Evêque d'Apt, & de Saint-Marcien, Abbé. On y voit auſſi une petite fiole dans laquelle on conſerve l'humeur ou la graiſſe qui ſe trouva autour du cœur de Saint-Marcien. Cette humeur eſt encore liquide, diſent les Bénédictins, Auteurs du Voyage littéraire; ils ajoutent que cela ne peut ſe faire que par un miracle continuel.

Sous cette égliſe ſont des cryptes ou chapelles ſépulcrales, où l'on trouve des châſſes anciennes, qui contiennent les os de pluſieurs ſaints Evêques d'Apt. On conſerve auſſi un ancien martyrologe, manuſcrit de ſept ou huit cents ans, dans lequel il n'eſt point fait mention de Sainte-Anne, ni du paſſage de Sainte-Madeleine & de Sainte-Marthe en France. La fable de l'arrivée de ces deux Saintes en ce pays fut compoſée environ un ſiècle après le temps de ce manuſcrit: ce qui prouve la pieuſe fourberie, ce ſont ces mots, *Apud Taraſconem Sanctæ-Marthæ hoſpitæ Domini*, ajoutés au manuſcrit, & d'une écriture aſſez récente, comme le remarquent fort raiſonnablement les deux Bénédictins, Auteurs du Voyage dont j'ai déjà parlé.

Les Cordeliers d'Apt ſe vantent d'avoir été fondés du temps de Saint-François. L'égliſe eſt très-ancienne; ſur le portail, on voit le portrait de deux Religieux revêtus de l'ancien habit de Cordeliers, ſemblable à celui que portent aujourd'hui les Capucins.

Au maître-autel de cette égliſe eſt le tombeau de *Saint-Eléazar de Sabran*, & de *Sainte-Dauphine de Signe*, ſa femme; ces deux époux acquirent la sainteté en conservant leur virginité pendant leur mariage. Le Cardinal Anglius, neveu d'Urbain V, fit construire ce tombeau, sur lequel toute la vie de ce Saint est représentée; dans la sacristie, on conserve plusieurs de ses reliques & celles de son épouse.

Sur la rivière ou torrent de Cavalon, qui passe à Apt, il y a un beau pont d'une seule arche.

ENVIRONS. A une lieue d'Apt, en allant de cette ville à Avignon, & en suivant les restes d'une voie romaine, appelée dans le pays *Camin Roumiou*, on trouve le pont *Julien*, ouvrage des Romains; il est composé de trois arches à plein cintre, dont celle du milieu est plus grande & plus élevée que celles des côtés. La longueur de ce pont est de deux cents dix pieds, & sa hauteur de trente-un; la beauté de cet ouvrage est digne de leurs auteurs, & mérite qu'on se détourne pour l'aller voir.

ROUSSILLON.

A deux lieues d'Apt est situé Roussillon, village fameux au douzième siècle par la mort tragique de *Guillaume de Cabestaing*; voici comme le nouvel historien de la Provence raconte cette aventure.

ANECDOTE. « *Guillame* étoit né de parens nobles, mais si pauvres, qu'il fut obligé de quitter de bonne heure la maison paternelle, & d'aller se présenter à *Raymond*, Seigneur de Roussillon, pour être son *Varlet*; car dans ces premiers temps les jeunes Gentilshommes sans fortune trouvoient une ressource assurée pour leur éducation dans la maison des Seigneurs, soit de la Cour, soit des Provinces; ils y étoient élevés en qualité de *Varlets* ou de *Varletons*, c'est-à-dire, de Pages.

» *Cabestaing* avoit une figure & des manières qui lui gagnèrent les bonnes graces de Raymond & de sa femme *Marguerite*, de la maison de Tarascon. Marguerite se défia d'autant moins des premiers mouvemens de son cœur, qu'ils étoient réglés par ces principes d'honnêteté dont les Dames s'écartoient d'autant moins, que les maximes de la chevalerie les y rappeloient sans cesse.

» Cependant ces goûts, tout innocens qu'ils pouvoient être, firent ombrage à Raymond, qui projeta d'en tirer une vengeance terrible. Ayant conduit Cabestaing hors du château, je ne sais sous quel prétexte, il fondit sur lui l'épée à la main, le tua, lui coupa la tête, lui arracha le cœur, & mit l'un & l'autre dans un carnier. Ensuite étant revenu au château, il manda le Cuisinier, & lui donna le cœur, comme un morceau de venaison, lui enjoignant de le faire cuire, & d'y mettre un assaisonnement convenable.

» Ses ordres furent exécutés. Marguerite aimoit la sauvagine; & pour sauvagine, elle mangea ce qu'on lui servit; puis Raymond lui dit: *Dame, savez-vous de quelle viande vous venez de faire si bonne chere? — Je n'en sais rien*, répondit-elle, *sinon qu'elle m'a paru exquise. — Vraiment, je le crois volontiers*, répliqua le mari, *aussi est-ce bien chose* que vous avez le plus chérie, & c'étoit raison que vous aimassiez mort ce que tant vous aimâtes vivant. A quoi la femme étonnée répartit avec émotion : *Comment ! que dites-vous ?* Alors, lui montrant la tête sanglante de Cabestaing : *Reconnoissez*, ajouta-t-il, *celui dont vous avez mangé le cœur.* A ce spectacle, Marguerite tombe évanouie ; & peu après, revenant à elle-même : *Oui*, dit-elle d'une voix où la tendresse se faisoit sentir à travers le désespoir : *Oui, je l'ai trouvé tellement délicieux ce mets dont votre barbarie vient de me nourrir, que je n'en mangerai jamais d'autre, pour ne pas perdre le goût de ce qui m'en reste : à bon droit m'avez-vous rendu ce qui fut toujours mien.* Raymond, transporté de fureur, court, l'épée à la main, sur sa femme ; elle échappe au coup en fuyant, va se précipiter volontairement par la fenêtre, & meurt de sa chûte ».

» Cette cruauté fut punie comme elle devoit l'être par les parens de Madame Marguerite & de Cabestaing, par les Comtes & les Chevaliers du pays, & par tous les Amans, dit l'Historien, qui s'assemblèrent pour venger l'honneur de la chevalerie : ils détruisirent le château de Raymond, ravagèrent ses terres ; ensuite, ayant fait mettre le corps de Marguerite & de Cabestaing dans le même tombeau, devant la porte de l'église paroissiale, ils en représentèrent l'histoire ; mais l'Ecrivain ne dit pas si c'est en peinture ou autrement ».

SISTERON.

Ville épiscopale, autrefois nommée *Segusteero* ou *Civitas Segesterorum*, & située sur la Durance. Cette ville, qui, à cause de sa situation, ne fut jamais considérable, & ne l'est pas aujourd'hui, renferme peu d'objets curieux.

CLERGÉ. Vers le milieu du douzième siècle, le Clergé de Sisteron étoit livré au désordre le plus excessif; plusieurs Evêques se marièrent publiquement; les autres ecclésiastiques rompirent, sans difficulté, le lien qui les attachoit au célibat, & s'abandonnèrent scandaleusement à une vie déréglée. L'avarice y avoit établi la simonie, & on ne se cachoit plus de vendre & de trafiquer les bénéfices & les dignités ecclésiastiques; c'étoit alors, en France, un usage assez général. L'Histoire rapporte qu'un nommé *Raimbaud* ou *Rigobalde*, puissant Seigneur de la contrée, acheta publiquement, pour un de ses fils, l'évêché de Sisteron (1).

GUERRES civiles. En 1562, les Protestans s'étoient, de toutes parts, réfugiés à Sisteron; le Comte de Sommerive, à la tête d'un forte armée, vint assiéger cette ville; il s'en approcha avec beaucoup de difficulté, parce que les Protestans avoient rompu les ponts, les chemins, & placé des embûches dans le lieu de *Lurs* & dans l'abbaye de *Cannagobie*. Après avoir perdu plusieurs hommes dans ce

---

(1) Voyez Histoire de Provence, par *Honoré Bouche*, tom. 2, pag. 76.

dernier lieu, le 10 juillet de la même année, l'armée campa au midi de Sisteron; le lendemain la brèche fut ouverte, & on donna l'assaut; mais les habitans de Sisteron se défendirent avec tant d'ardeur, que Sommerive fut obligé de lever le siége.

Le sieur *Dupuy Saint-Martin*, portant la cornette blanche de Sommerive, s'étoit retiré pour prendre du repos dans un lieu appelé *Pepin*. Les Protestans forcèrent la porte de sa chambre, le prirent, le conduisirent à Sisteron, où l'on dit qu'il fut pendu à une croix par des femmes. Les Catholiques, usant de représailles, firent exécuter à mort le jeune Capitaine *Coste*, qu'ils avoient fait prisonnier.

Le 27 août suivant, Sommerive vint encore mettre le siége devant Sisteron. Les habitans firent plusieurs sorties contre les Catholiques. On remarque, d'après le récit des combats particuliers qui se donnèrent en cette occasion, que la force du corps étoit un mérite distingué parmi la jeune Noblesse de France.

Le Chevalier d'Ansoïs, Capitaine, sortit de la ville, lutta long-temps contre un soldat robuste, & le tua d'un coup de poignard. Sommerive, inquiété par ces fréquentes sorties, transporta son camp au lieu de *les Mées*, près la Durance, à trois lieues de Sisteron; alors le Capitaine *Mouvans* sortit de cette ville, & poursuivit Sommerive. Le Capitaine *Ventabren*, homme fort, vigoureux, & qui s'étoit exercé à terrasser les taureaux indomptés & sauvages de *la Camargue*, se présenta pour l'arrêter; il vouloit lutter & essayer ses forces avec *Mouvans* ; mais celui-ci, ayant reçu un coup de pistolet à la cuisse, prit la fuite avec sa troupe, & se réfugia dans Sisteron.

Les assaillans, après avoir été repoussés jusqu'à cinq fois de suite, parvinrent enfin à entrer dans Sisteron ; les troupes des Protestans, à la faveur de la nuit, en sortirent secrètement. Les Catholiques, ne trouvant plus de résistance, pillèrent cette ville, & massacrèrent tous les habitans, hommes, femmes & enfans.

ANTIQUITÉS. Cette ville éprouva encore long-temps les désastres des guerres civiles, qui nuisirent beaucoup à son accroissement & à sa population. Son élévation au dessus du niveau de la mer, à la hauteur de la paroisse, est de deux cent soixante-six toises. On a trouvé près de cette ville, en y faisant le chemin neuf, beaucoup de lampes sépulcrales, & des tombeaux de plomb de deux pieds & demi de long sur un pied de large, qui contenoient des cendres & des ossemens brûlés.

ANECDOTE. Le château de Sisteron, après avoir été le théâtre de bien des combats entre les Protestans & les Catholiques, servit ensuite de prison à l'infortuné *Casimir*, frère consanguin de Ladislas VII, Roi de Pologne. Il fut arrêté en revenant de Gênes au mois de mai 1638, par le Comte d'Alais. Les différentes tentatives que firent ses amis pour lui procurer la liberté, déterminèrent le Gouvernement à transférer cet illustre prisonnier de Sisteron à Vincennes. La vie de ce Prince est un tableau frappant des vicissitudes du sort ou de l'incons-

DE LA PROVENCE. 159

tance humaine; il fut enterré à *Nevers*. (*Voyez* cet article).

HISTOIRE Naturelle. On voit à Curbans, près de Sisteron, une mine de cuivre estimée. A Ongles on trouve une mine d'argent répandue par mouches dans une pierre grise. Du temps de la Régence, on avoit commencé l'exploitation de cette mine; mais la rareté de la matière la fit abandonner.

Dans des marnes nommées *Roubines*, au terroir de *Saint-Vincent*, montagne de Lurs, on trouve des bélemnites & des cornes d'ammon ferrugineuses, dont plusieurs sont striées, & d'autres lisses & comme ramifiées.

La pointe la plus élevée de la montagne de Lurs est de neuf cents toises au dessus de la mer.

Le Père Plumier étant allé herboriser au nord de cette montagne, écrivoit à ses amis: « Dès que j'y fus arrivé, je me vis couvert d'une quantité incroyable d'une espèce de moucherons, deux fois plus gros que les moucherons ordinaires; ils avoient les aîles & le corps teints d'un bleu aussi éclatant que l'azur le plus vif. Les arbres en étoient tout couverts; & comme en traversant la forêt, je ne pouvois m'empêcher d'en écraser contre les branches & les feuilles, j'avois tout le devant de mon habit & mon chapeau peints d'un très-bel azur ».

DROMON.

ANTIQUITÉS. Village dans les montagnes, sur la petite rivière de Vançou, à deux lieues

& demie de Sisteron, & à quatre de Digne. Un rocher, ordinairement appelé *Pierre écrite*, & qui a été coupé pour accourcir un chemin, porte une inscription intéressante, par laquelle on apprend que *Claudius Posthumus Dardanus* fit ouvrir, sous l'empire d'Honorius, aux années 409 & 410, ce chemin à travers un rocher escarpé, pour faciliter la communication entre ce lieu & les villes qui étoient placées du côté de Sisteron. Cette inscription apprend que *Dardanus* étoit Gouverneur de la province Viennoise, Maître des Requêtes, ou chargé de recevoir les placets que les particuliers présentoient à l'Empereur, ayant parmi ses fonctions celle de juger seul, ou avec le Prefet du Prétoire, des affaires dévolues au Prince; enfin il étoit Questeur & Prefet du Prétoire des Gaules. On y lit aussi le nom de sa femme *Nevia-Galla*, & celui de son frère *Claudius Lepidus*, qui avoit été Gouverneur de la Germanie première, & Comte ou Intendant général des revenus que le Prince retiroit du fisc & du domaine.

Ce qui rend encore curieux le lieu de Dromon, ce sont les restes d'une ancienne ville nommée *Théopolis*, qui se voyent au dessus d'un rocher voisin; on y trouve une tour, un bassin, le chemin taillé dans le roc, à l'occasion duquel on grava l'inscription dont nous venons de parler, des décombres de murailles, & d'autres vestiges de cette espèce.

Cette ville de *Théopolis* étoit un asile où les habitans de la plaine se réfugièrent dans le cinquième siècle, lorsque les barbares
ravageoient

ravageoient la Gaule; on peut même, si l'on veut, la regarder comme une espèce de camp que Dardanus fit fortifier dans le même temps.

DIGNE.

Ville ancienne, chef-lieu d'une Recette & d'une Viguerie de son nom, avec un Evêché suffragant d'Embrun, située à six lieues de Ricz, à quatre & demie de Senez, & à seize & demie d'Aix.

ETYMOLOGIE. Cette ville, appelée *Dinia* en latin, étoit capitale des *Bodiontici*, qui paroissent avoir eu des habitations près de l'endroit où elle est bâtie. Son nom, tiré des mots celtiques *din*, qui signifie eau, & *ia*, chaude, est dû à une fontaine d'eaux thermales, située à une demi-lieue de cette ville.

On croit que le siège épiscopal a été établi à Digne, au plutard au commencement du quatrième siècle. *Saint-Domnin*, qui vivoit vers l'an 340, est le plus ancien de ses Evêques dont on ait connoissance.

HOMMES illustres. L'église cathédrale est dédiée à la Sainte-Vierge & à Saint-Jérôme. Le fameux *Gassendi*, né à une lieue & demie de Digne, au village de Champtercier, l'an 1592, étoit Chanoine-Prévôt de cette cathédrale. Cet homme célèbre, rival de Descartes, qui opposa d'anciennes chimères aux chimères nouvelles, la philosophie d'Epicure & de Démocrites, aux tourbillons, & qui divisa les Savans de son temps en deux sectes, les *Cartésiens* & les *Gassendistes*, professa à Digne, pendant une année, la Rhétorique, chaire qu'il obtint au concours, quoiqu'il n'eût que seize ans. Après avoir, pendant huit ans, enseigné la Théologie & la Philosophie à l'Université d'Aix, l'amour de la solitude le ramena à Digne; ce fut là qu'il composa un ouvrage contre la philosophie d'Aristote; un autre pour prouver que *l'homme n'est destiné à manger que du fruit*. Il fut ensuite à Paris; & après s'être fait des amis illustres, des partisans nombreux, il mourut le 25 octobre 1655, dans la soixantième année de son âge.

HISTOIRE *Naturelle*. Ce qui peut, aux environs de Digne, intéresser les Naturalistes, c'est la fontaine thermale qui coule à une demi-lieue de cette ville. La chaleur des eaux est de trente-huit degrés au thermomètre de Réaumur, mais elle varie suivant la température de l'atmosphère; elles ont un goût un peu salé, sont très-limpides, & répandent une odeur tant soit peu bitumineuse.

Ces bains sont salutaires pour les rhumatismes froids, pour les rhumatismes goutteux, pour la galle, les dartres, les sciatiques, les paralisies, &c.; en un mot, pour toutes les maladies où il faut diviser la lymphe & les humeurs épaissies qui ne peuvent se dissiper par la transpiration.

Le terroir de Digne est renommé pour la bonté de ses prunes.

ANECDOTES. Du temps des massacres qu'occasionnoient les différentes opinions sur la religion, Digne fut remarqué par plusieurs cruautés atroces qui s'y commirent. Les Protestans y furent livrés au plus affreux carnage. On rapporte qu'un nommé Pierre *Roche* fut enterré vif, & qu'on l'obligea lui-même de creuser sa fosse. Un vieillard de quatre-vingts ans fut aussi enterré tout vivant; & avant cet enterrement, on lui rompit les os des bras; d'autres furent plongés dans des fourneaux de chaux vive. On y a vu, dit-on, un fils poignarder son père; plusieurs inventèrent des supplices nouveaux; ils prenoient les hommes avec des tenailles par le nez, & les traînoient ainsi dans les rues; d'autres fois ils leurs perçoient les bras avec une dague, y enfiloient une corde, & les menoient en lesse; quelques-uns se plaisoient à danser sur le corps des huguenots, jusqu'à ce que le sang sortît par la bouche... La plume refuse d'écrire ces horreurs; ce qui reste à dire est trop révoltant, on voudroit que ce fût des mensonges.

Suivant l'état présenté à Henri III aux assemblées de Blois, il y eut dans le diocèse de Digne, pendant les troubles, tant catholiques qu'huguenots, sept mille trois cent soixante personnes massacrées, étranglées, ou noyées.

Pendant trente-un ans, c'est-à-dire, depuis 1549 jusqu'au dernier décembre 1580, les impositions de ce diocèse se sont montées à trente-cinq millions neuf cent quatre-vingt mille livres, & pendant les dix-sept années du règne de Louis XII, elles n'ont été qu'à trois millions cinq cent mille livres.

COLMARS.

Petite ville, chef-lieu d'une Viguerie &

L ij

d'un Bailliage de son nom, située sur la rivière de Verdon, dans une contrée extrêmement montagneuse, à sept lieues & un tiers de Senez, & à vingt-trois d'Aix.

Fontaine intermittente. Colmars n'est remarquable que par une fontaine intermittente qui se trouve près de cette ville. Ce qui rend cette fontaine plus curieuse, c'est la fréquence de ses retours. Quand elle est prête à couler, un léger murmure annonce son arrivée ; elle croît ensuite pendant une demi-minute ; alors elle jette de l'eau de la grosseur du bras, puis elle décroît pendant cinq ou six minutes, & s'arrête un moment pour reprendre ensuite son cours. De cette manière la durée de son écoulement & de son intermittence est de sept à huit minutes ; en sorte qu'elle coule & qu'elle s'arrête environ huit fois par heure.

On sait que le mécanisme de ces fontaines est le même que celui du siphon, & on présume que dans les montagnes où ces fontaines prennent leur source, il y a deux réservoirs, l'un supérieur, & l'autre inférieur, qui communiquent ensemble par un conduit recourbé en siphon, de manière que la branche la plus courte a sa base dans le réservoir supérieur, & l'autre aboutit au réservoir inférieur. Lorsque le premier est rempli, & que l'eau est parvenue au dessus de la courbure du conduit ou siphon, elle s'écoule dans l'autre, & met le réservoir supérieur à sec. Celui-ci se remplissant de nouveau, le même effet recommence ; ainsi de suite, tant qu'il n'y a point d'obstacle qui détruise ce jeu de la nature. La seule chose qui puisse embarrasser est de savoir pourquoi, dans cette fontaine, le temps de l'intermittence & de la cessation est tantôt de huit, tantôt de sept, & tantôt de six minutes; mais la surprise cesse, quand on fait attention qu'elle dépend du plus ou du moins d'eau qui arrive à la source. On trouve l'histoire de cette fontaine dans les Œuvres de *Gassendi*, & dans l'Histoire Naturelle du Languedoc & de la Provence, par M. *Astruc*.

FRÉJUS.

Ville ancienne, avec un Evêché suffragant d'Aix, une Amirauté, plusieurs maisons religieuses &c., située à quelque distance de la montagne de l'Esterel & de la Méditerranée, à dix huit lieues d'Aix, à treize de Toulon, à quatre de Draguignan, & à six d'Antibes.

Le territoire où est bâtie cette ville étoit autrefois habité par des peuples nommés *Suelteri*.

ORIGINE. Jules-César, après avoir agrandi & embelli cette ville, lui donna son nom en la faisant appeler *forum Julii*, marché de Jules. Il fit commencer le port, que son successeur, *César Auguste*, fit achever. Cet Empereur envoya aussi dans cette ville une colonie de soldats de la huitième légion; ce fut sans doute à cette occasion que cette ville prit aussi le nom de *Colonia octavanorum*; mais les noms donnés par le premier Restaurateur, comme *forum Julii*, *forum Julium*, *Fréjuls*, aujourd'hui *Fréjus*, ont toujours prévalu.

DESCRIPTION. Du temps des Romains, les murs de cette ville, dont il reste encore beaucoup de vestiges, avoient cinq mille pas de circonférence; aujourd'hui son étendue est bien diminuée. Son port avoit environ trois cents toises de large, & deux cent quatre-vingts de long, à commencer depuis l'entrée jusqu'au quai; des atterrissemens considérables, formés par la rivière d'Argens, l'ont insensiblement comblé, & la mer s'est retirée d'environ une demi-lieue; les petits bâtimens pouvoient encore y entrer dans les huitième & neuvième siècles.

ANTIQUITÉS. A l'entrée de ce port, du côté du couchant, étoit un phare dont on voit encore quelques restes; tout auprès on reconnoît les traces d'un bâtiment qui devoit servir de magasin ou de logement aux Officiers du Prince.

« En partant de cet endroit, & en suivant les traces du quai, comme si l'on vouloit retourner à la ville, on marche le long d'un ancien mur, & l'on arrive à une espèce de môle flanqué de quatre tours, sur lequel est bâtie la chapelle de Saint-Antoine. Il paroît que ce môle fut élevé afin de mettre les vaisseaux à l'abri du mistral (1); on y ménagea tout autour un aqueduc qui conduisoit de l'eau douce dans le port, pour la commodité des vaisseaux & des personnes domiciliées dans cette partie de la ville; les restes de l'aqueduc sont bien conservés.

» En suivant le quai du côté de la ville, on

---

(1) Vent dangereux par sa violence.

arrive à une porte de construction romaine, appelée *la Porte dorée*; elle est bâtie en pierre de grès, avec une chaux dans laquelle on a mêlé une pouzzolanne grossière, qui avoit été vraisemblablement prise dans les environs; car à une lieue de Fréjus, on trouve des laves sur le chemin de l'Esterel, à gauche. Les autres laves qui doivent être sur la montagne ont été recouvertes par la terre végétale; les débris des anciennes constructions sont tous remplis de pierres volcanisées.

Cette porte antique a été nommée *Porta aurea* ou *Porte dorée*, à cause des grands clous de fer à tête dorée qui sont placés dans la maçonnerie, & qu'on voit encore dans l'entre-deux des pierres; elle avoit environ trente-deux pieds de hauteur, du sol au point le plus élevé du cintre, & environ seize de largeur; elle étoit accompagnée de deux arcs collatéraux moins élevés & moins larges que l'arc du milieu; ces deux arcs n'existent plus.

Derrière cette porte est un jardin dans lequel on a découvert le sol d'un édifice dont on ignore la destination, il forme un carré de soixante-six pieds.

» De là on va au puits de Saint-Roch; ensuite on redescend, & le quai vous conduit jusqu'à l'entrée du port du côté de l'Orient, vis-à-vis le phare. Là, on trouve aussi des vestiges de constructions anciennes, & un peu plus haut quatre magasins voûtés, qui communiquent de l'un à l'autre; ils sont larges & fort élevés.

» Plus loin, vers le nord, vous trouvez sur le chemin d'Antibes douze arcades, restes précieux du fameux aqueduc que les Romains avoient fait conftruire pour conduire de l'eau de la Siagne à Fréjus. Comme le terrain s'abaiffe en approchant de la ville, ces arcades font fort hautes; elles ont trente-quatre pieds depuis leur bafe jufqu'à la naiffance du cintre, & en certains endroits elles font éloignées de quarante-trois pieds l'une de l'autre: il y en a une de neuf toifes de haut, elle foutient un refte de conduit, encore couvert, de la hauteur de près de fix pieds: c'étoit la hauteur de tout le canal.

» A mefure que vous vous éloignez de la ville pour aller vers la naiffance de l'aqueduc, vous voyez ces arcades s'abaiffer jufqu'à fleur de terre, le canal s'enfoncer, reparoître enfuite foutenu par de nouveaux piliers, percer des rochers, & parvenir jufqu'à la fource, qui eft à Mons, après avoir parcouru, dans ces différens détours, un efpace d'environ quinze lieues communes de France, quoiqu'il n'y en ait pas plus de fept de Mons à Fréjus en droite ligne. Les Romains firent venir les eaux de fi loin, parce que celles des environs de Fréjus font mauvaifes.

» En fortant de la ville par la porte de la Clede, vous trouvez, à cinq cents pas, les reftes d'un temple antique, nommé le *Panthéon*, dont les murs font très-épais. Il y a des chambres, des fenêtres plus larges en dedans qu'en dehors, & des niches dans un des murs, qui pouvoient fervir pour y placer de petites idoles, des uftenfiles, & d'autres chofes femblables.

» Près du couvent des Dominicains, les restes de l'amphithéâtre sont assez bien conservés ; mais il n'étoit pas grand ; sa circonférence intérieure n'a pas plus de deux cent quatre pas ; l'arène a été exhaussée par les décombres, & se trouve aujourd'hui fort inégale.

» On voit aussi près de la maison qu'occupoient les Jésuites, les vestiges d'un édifice qui paroît avoir été un temple ; mais les restes les plus précieux de l'antiquité ont été portés hors de Fréjus. Telle est, par exemple, cette statue de Vénus-Uranie, qui fut trouvée il y a environ cent trente ans ; elle étoit d'un fort beau marbre ; le Sculpteur trouva dans le bloc une veine rouge qu'il fit tomber sur la joue, par la manière habile dont il disposa sa figure. Cette statue fit du bruit, & M. le Président d'Oppède, Intendant de la province, l'envoya au Ministre.

» Le Chapitre fit présent à M. le Cardinal de Fleury, d'un terme de marbre qui représentoit Janus. Enfin presque toutes les antiquités, soit en bronze, soit en marbre, ainsi que les médailles, ont été envoyées à Paris, de même que le trépied que *Spon* a fait graver dans son *miscellanea*. M. de Peyresc en fit présent à M. le Cardinal de la Rochefoucault, Abbé de Sainte-Geneviève ; il se trouve encore dans le cabinet de cette abbaye ».

Fréjus renferme encore quelques autres monumens moins considérables, qui attestent son ancienne magnificence. Plusieurs Auteurs, & particulièrement l'Abbé d'*Antelmi*, Chanoine de Fréjus, & l'Abbé *Girardin*, Curé de Cogolin, ont écrit sur les antiquités de Fréjus. Si le temps seul eût détruit ces monumens, ils seroient aujourd'hui bien plus nombreux & mieux conservés; mais cette ville a été si souvent ravagée, dépeuplée par les pirates qui infestoient les côtes, qu'il n'est resté d'intéressant, que ce qui a pu résister à la fureur des barbares.

Hommes illustres. Fréjus est la patrie de *Cnéius Julius Agricola*, Gouverneur de la Grande-Bretagne, également illustre par sa valeur & ses vertus. Domitien le rappela de son Gouvernement, & jaloux de sa trop grande renommée, ne paya ses services que par des froideurs. *Agricola* avoit été grand au milieu des honneurs & de la gloire, il fut plus grand dans la résolution qu'il prit d'abandonner tous les projets de puissance & de fortune; il vint se retirer dans la solitude, où il vécut paisiblement. *Tacite* étoit son gendre, & nous a laissé une histoire de son illustre beau-père.

Anecdote. Vers l'an 850, une troupe de Sarrasins aborda dans le golfe de Grimaud, voisin du port de Fréjus; après avoir pillé le pays, ils se fortifièrent sur une hauteur appelée *la Garde Fraxinet* ou *de Frainet*, à trois lieues & demie de Fréjus. De cette forteresse ils fondoient sur les pays d'alentour, & y portoient le ravage & la désolation. Deux Gentilshommes Provençaux furent envoyés, à la tête de plusieurs troupes, par Guillaume Ier, Comte de Provence, pour chasser ou détruire ces barbares. Un de ces Gentilshommes, nommé *Bobon* ou *Buvon*, aussi courageux que dévot, parvint non seulement à s'emparer du château où étoient les Sarrasins, mais encore il les fit tous prisonniers. Comme il étoit chrétien fort zélé, il fit massacrer tous ceux qui ne voulurent pas se convertir au christianisme.

CATHÉDRALE. Ces Sarrasins avoient presque entièrement détruit & dépeuplé Fréjus. Quelques années après cette expédition, *Riculphe*, un des Evêques les plus célèbres de cette église, résolut de la rebâtir, & de rassembler, dans la ville dévastée, le peuple & le clergé. Ce Prélat vint à bout de son dessein, & fit construire la cathédrale, telle qu'elle subsiste aujourd'hui. Elle a plus de quatre-vingts pas de longueur; elle est entièrement construite & voûtée en pierres de taille. Cette église n'a rien de bien remarquable qu'un petit baptistère qui en est séparé, & qui est soutenu par de petits piliers.

HISTOIRE Naturelle. En allant de Fréjus à Antibes, on trouve la montagne de l'Esterel, sur le chemin de laquelle on rencontre plusieurs porphyres qui deviennent plus fins & plus durs à mesure qu'on monte vers le sommet; ils pourroient même à ce point être rangés parmi les jaspes.

SAINT-TROPEZ.

Ville avec un port, située sur la côte de la mer, à mi-canal du golfe de Grimaud ou de Saint-Tropez, & à cinq lieues de Fréjus.

ORIGINE. Cette ville est bâtie à l'endroit même, ou du moins auprès, d'une ancienne ville nommée *Heraclea Caccabaria*. On croit que ce nom d'*Heraclea* venoit d'un temple dédié à

Hercule, dont les Prêtres, à l'exemple de la Prêtresse de Delphe, rendoient les oracles sur un trépied. Il y avoit anciennement, au même endroit, une ville que les Sarrasins détruisirent; on y a trouvé des tombeaux payens, & d'autres vestiges d'antiquité.

Il n'a fallu rien moins que la protection constante du gouvernement, dit M. l'Abbé Papon, pour repeupler ce pays; la crainte des Pirates le faisoit toujours abandonner, quoique les Comtes de Provence eussent pris la précaution d'y faire bâtir une tour, & d'y entretenir une garnison pour la sûreté de la côte. Ils accordèrent même de grands priviléges à ceux qui voudroient l'habiter; mais ces avantages ne touchèrent que foiblement les gens du pays. Soixante familles Génoises, conduites par *Raphaël de Garessio*, s'offrirent d'habiter cette terre, d'y bâtir une ville, & de la garder à leurs frais & dépens, à condition qu'elles seroient exemptes à perpétuité, ainsi que celles qui viendroient s'y établir ensuite, de toutes tailles, impositions & subsides, tant ordinaires qu'extraordinaires. Le traité fut passé par *Jean de Cossa*, Baron de Grimaud, Grand Sénéchal de Provence, le 13 octobre 1470; Jean étoit originaire de Naples.

Le port, assez vaste, joint la ville; son entrée est au sud-est. On trouve encore un autre port nommé *les Canabiers*, en entrant dans le golfe, à deux petites lieues de Saint-Tropez, dans lequel les vaisseaux peuvent mouiller en cas de nécessité.

Sur une éminence qui domine la ville, est

un ancien donjon en exagone, flanqué avec un fossé taillé dans le roc, & un petit chemin couvert. En 1592, le Duc d'Epernon, pour assurer au Roi les côtes maritimes pendant les troubles de Provence, jugea à propos de rendre cet ouvrage plus considérable, en le fortifiant d'une seconde enceinte que l'on nomme aujourd'hui *la Citadelle*; elle est d'une figure irrégulière, & a trois bastions sur le même front; cette citadelle défend une partie du golfe, & domine la ville.

L'air qu'on respire à Saint-Tropez est vif, salubre, & toujours purifié par les vents du nord & du nord-est; on y voit beaucoup de vieillards, & la peste ne s'y est jamais introduite, quoique les lieux voisins en fussent infectés.

Le terroir des environs est si stérile, qu'on rapporte qu'il ne produit point de blé pour nourrir les habitans de la ville seulement pendant quinze jours.

Sur les côtes de Saint-Tropez on pêche des pinnes marines, des nautilles papyracés, des torpilles & des coraux, & tous les poissons qui sont communs aux autres côtes de la Provence.

GRASSE.

Ville avec un évêché suffragant d'Embrun, chef-lieu d'une Viguerie, bâtie au pied d'une montagne qui la couvre du côté du nord, dans une contrée agréable & fertile, à deux lieues de la Méditerranée, à quatre lieues de la rivière du Var, & de la forteresse des états du Roi de Sardaigne, & à vingt lieues d'Aix.

ORIGINE. On ne forme que des conjectures sur l'origine de cette ville, qui n'offre aucun monument d'antiquité. On croit qu'elle servit plusieurs fois d'asile aux habitans des villes de Fréjus, d'Antibes, &c., échappés aux ravages des pirates qui infestoient fréquemment les côtes de la Provence vers les neuvième & dixième siècles.

DESCRIPTION. Cette ville, dont les environs sont bien plus agréables & plus intéressans que son intérieur, n'a rien de remarquable.

La montagne sur laquelle elle est située contient des carrières d'un très-beau marbre blanc, de jaspe varié de différentes couleurs, & un filon d'albâtre oriental, précieux par la finesse du grain, la beauté des couleurs, la transparence des tranches, & le beau poli qu'il prend; quoiqu'aussi dur que le marbre, il est plus doux sous le ciseau. On trouve de grands blocs de quatre, cinq & six pieds de long, sur un pied environ d'épaisseur, & assez larges pour en faire des tables & des cheminées. Les blocs moyens sont recherchés; on en sculpte des urnes, des vases &c. qui ont beaucoup d'éclat.

Au midi, la ville est entourée de prairies, & sur-tout de jardins qui exhalent le parfum des fleurs d'orangers, de citronniers, de cédrats, de jasmins, &c. Ces campagnes sont encore animées par des sources d'eaux vives qui descendent de la montagne.

On trouve dans le terroir des pierres arborifées, des cornes d'Ammon; mais rien n'est plus digne d'admiration dans ce pays que les oliviers, qui font uniques par leur grosseur & leur beauté.

COMMERCE. On fabrique dans la ville des cuirs tannés avec de la poudre de lentisque, qui les rend verts, & d'un meilleur usage que les cuirs rouges.

La soie est encore une branche de commerce pour la ville de Grasse. Ses Fabriques de cire, d'essences, de parfums, de pommades, de savonnettes, sont connues dans tout le royaume.

ILES DE LERINS.

On comprend sous ce nom l'île de *Sainte-Marguerite*, celle de *Saint-Honorat* ou de *Lerins*, & quelques îlots, tels que ceux de *la Fornigue* & de *Grenille*. Ces îles, situées proche la côte de Provence, entre le Cap Houx & celui de la Guaroupe, & entre les villes de Cannes & d'Antibes, sont du diocèse de Grasse.

ORIGINE. L'île de *Saint-Honorat* ou de *Lerins*, nommée *Lerina* dans les Itinéraires, & *Planasia* dans Strabon, parce qu'elle est fort unie, contient l'abbaye la plus ancienne des Gaules; elle fut fondée, vers l'an 408, par Saint-Honoré, originaire de Toul, & issu d'une famille consulaire.

DESCRIPTION. Dans les premiers temps de cet établissement, les Moines de Lerins habitoient au milieu de cette île, proche l'endroit où sont encore les ruines de l'église de Saint-Honorat. On voit autour de cette ancienne habitation plusieurs chapelles que les dévots visitent depuis l'Ascension jusqu'à la Pentecôte, afin de gagner les indulgences accordées par les souverains Pontifes. Au milieu de cette espèce de cloître est une citerne creusée dans le roc, dont l'eau est très-limpide & bonne à boire; on assure que ce puits n'a jamais plus de trois sceaux d'eau, & quelque quantité qu'on y en puise, il n'y en a jamais moins. Cette singularité, si elle existe, ne surprendra point les Naturalistes; elle pourroit peut-être étonner les dévots, si on ne les prévenoit pas qu'elle est l'effet d'un miracle opéré par Saint-Honoré, qui, comme un autre Moïse, fit jaillir l'eau d'un rocher; d'amère & salée que cette eau auroit dû être, elle devint douce & potable. Ce miracle est attesté par l'inscription suivante, gravée sur un marbre qui est adossé au mur voisin de ce puits:

Isacidum Ductor Lymphas medicavit amaras,
  & virgâ fontes extudit è silice.
Aspice, ut hîc rigido surgunt è marmore rivi
  & salso dulcis gurgite vena fluit.
Pulsat Honoratus rupem laticesque redundant,
  & sudis virgæ Mosis adæquat opus.

Dans cet endroit, on voit six colonnes qui soutiennent la voûte du cloître, dont trois sont de granit, & une de porphyre; sont les mieux conservées. Ces colonnes paroissent être formées de morceaux d'autres colonnes antiques,

ce

ce qui fait préfumer que les Romains ont habité cette île, & qu'ils y ont conftruit un temple; cette opinion eft confirmée par une infcription gravée fur une de ces colonnes où fe lit le nom de l'Empereur Conftantin le jeune;

*Constantino Augusti.... Nepoti.
Constantii. Augusti.....*

On ignore abfolument par qui & en quelle occafion ce monument a été conftruit.

Un autre refte d'antiquité fe voit au midi de l'île, fur le bord de la mer; c'eft une pierre qui fert de bafe à un oratoire; elle étoit autrefois un autel votif, dédié à Neptune par une femme nommée *Veratia Montana*.

Du côté du midi de l'île eft *le monaftère de Lerins*; quoique fort grand, il eft compris dans une feule tour, remarquable par fa groffeur & fa conftruction. Elle fut bâtie vers l'an 1160, en groffes pierres taillées en pointes de diamant, d'un grain très-fin; elles n'ont pas fouffert la moindre dégradation depuis plus de cinq cents ans; on a remarqué que la muraille qui eft au midi, battue par les flots, eft couverte d'un fel abondant.

Vers la porte du côté du nord eft un corps-de-garde relevé par un détachement de la garnifon qui eft dans l'île de Sainte-Marguerite, & qui veille à la fûreté de ces îles. Après avoir paffé deux portes, on trouve un efcalier au bout duquel eft un pont-levis qui mène à la grande porte de la tour, & on monte par un autre efcalier étroit & obfcur. A gauche eft l'entrée du logement des foldats; à droite eft une porte

Partie I. M

qui aboutit au logement des Religieux ; on trouve enſuite l'égliſe, dont le nom eſt *Sainte-Croix*.

Avant d'y entrer, il faut remarquer un Jacquemart armé d'une hache avec laquelle il frappe l'heure ; ſous la cloche eſt une femme environnée d'autres figures qui danſent en portant des drapeaux à la main.

Curiosités. Les châſſes, les reliques & reliquaires conſervés dans cette égliſe ſont des objets très-précieux ; on remarque ſurtout la châſſe de Saint-Honorat ; elle eſt de vermeil, enrichie de pierreries, & ornée de pluſieurs bas-reliefs & ſculptures qui repréſentent une partie des miracles que Dieu a opérés par l'interceſſion de ce Saint ; ſon chef eſt ſéparément renfermé dans un grand buſte d'argent. On voit encore, du même Saint, les os des bras, renfermés dans des bras d'argent, & une de ſes mâchoires, avec quelques dents qui, à travers le criſtal du reliquaire, paroiſſent teintes de ſang ; on conſerve auſſi, dans un buſte en argent, le chef de Saint-Aigulfe.

Parmi la grande quantité de reliques de cette égliſe, on diſtingue trois fleurs de lis d'argent qui contiennent des oſſemens de Saint-Pierre, de Saint-Paul, de Saint-Jacques le majeur, de Saint-Jacques le mineur, & de preſque tous les Apôtres ; une épine de la couronne de Jéſus-Chriſt ; du bois de la vraie croix ; dans une caiſſe dorée, les oſſemens de cinq cents Religieux maſſacrés par les Sarraſins ; dans une autre caiſſe, les oſſemens de trente Religieux martyriſés avec Saint-Aigulfe.

DE LA PROVENCE. 179

Histoire. On ne peut concevoir comment ces reliques ont été conservées jusqu'à nos jours dans ce monastère, qui, à plusieurs reprises, a été pillé, ravagé, & dont tous les Moines furent massacrés & les bâtimens détruits aux huitième & neuvième siècles par les Sarrasins, & depuis par des Pirates. En 1400, ce monastère fut encore pillé & saccagé par un Corsaire Génois. En 1635, les Espagnols se rendirent maîtres de cette île & de la voisine; ils ruinèrent les chapelles, les jardins, les vignes, & enlevèrent tout ce qu'ils trouvèrent de plus précieux, & sur-tout les reliques, dont ils sont fort curieux. Deux ans après, l'armée du Roi, commandée par M. le Comte d'Harcourt, & par M. de Sourdis, Archevêque de Bordeaux, reprit ces deux îles, & en chassa les Espagnols.

Cette expédition donna lieu à l'aventure suivante.

Anecdote. M. de l'Hôpital-Vitry, Maréchal de France, se trouva, après cette victoire, au Conseil de guerre qui se tint au château de Cannes; parmi les différentes opinions qu'on proposa, il soutint la sienne avec chaleur. L'Archevêque de Bordeaux avoit une opinion tout opposée, & la soutenoit aussi avec fermeté. Le Maréchal de France, plus violent que le Prélat, piqué de se voir contrarié, ne fut pas maître de son premier mouvement : il se jeta, en pleine assemblée, sur l'Archevêque de Bordeaux, & le frappa de plusieurs coups de canne. Ce Prélat indigné demanda justice, & l'obtint. M. de Vitry fut déposé de son gouvernement, & mis à la Bastille, où il demeura jusqu'après la mort du Cardinal Richelieu. Ce contretemps n'empêcha point que le *Te Deum* ne fût chanté dans l'île de Lerins, & que l'Archevêque battu n'officiât dans l'église du monastère, & n'assistât à une procession solennelle & générale.

Les deux îles de Lérins furent, en 1646, prises par l'armée de la Reine de Hongrie. Quelques mois après, les François, commandés par le Maréchal de Belle-Isle, les reprirent; l'illustre M. de *Chevert* fut à la tête de cette expédition.

On trouve dans cette petite île, parmi des restes de l'antiquité payenne, plusieurs Oratoires, grottes & monumens de la dévotion des Cénobites. Le contraste éloquent de ces objets, la beauté d'un ciel pur & d'une mer tranquille réveillent l'ame la plus engourdie, & offrent à la pensée un vaste champ à parcourir. On y éprouve des émotions nouvelles, & l'on regrette d'abandonner le lieu qui les a fait naître.

L'abbaye de Lerins, qui, depuis 1505, étoit unie à la Congrégation du Mont-Cassin, est retournée dans l'ordre de Cluny, auquel, en 997, elle s'étoit soumise.

Ce monastère est très-riche; l'Abbé a une maison de plaisance à *Vallauris*, située à une lieue de Cannes & à deux lieues de Lerins. La liste de ces Abbés offre plusieurs saints & religieux personnages; l'exemple suivant prouve qu'il en a été quelques-uns, sur-tout dans ces derniers temps, qui ne se sont pas distingués de la même manière.

ANECDOTE. Les deux savans Bénédictins, Auteurs du Voyage Littéraire en France, après avoir parcouru une partie de la Provence, voulurent, suivant la mission qu'ils en avoient, voir l'ancien monastère de Lerins. Comme ils savoient que l'Abbé étoit en sa maison de plaisance de *Vallauris*, ils crurent devoir aller lui faire la révérence. « Je ne sais s'il nous vit venir de sa fenêtre, disent ces deux Auteurs, mais il est certain que nous fûmes deux heures sans lui pouvoir parler, & qu'après avoir attendu si long-temps, lorsqu'on nous introduisit dans sa chambre, il nous demanda d'un ton fier ce que nous voulions; nous lui dîmes que le Clergé de France nous avoit chargés d'un grand ouvrage dans lequel on devoit parler de son abbaye, & que nous étions députés pour y aller chercher quelque ancien monument qui pût lui faire honneur; que nous avions des lettres de l'assemblée du Clergé, pour avoir entrée par-tout, & que dans toutes les cathédrales & dans toutes les abbayes on nous ouvroit tout. Il prit nos lettres, & après les avoir lues, il nous dit que le Bibliothécaire de Lerins étoit allé prendre une récréation dont il ne reviendroit d'un mois, & qu'ainsi il n'y avoit rien à faire pour nous à Lerins. La charité m'oblige de passer sous silence le reste de notre entretien. Le lendemain nous prîmes congé de lui; il nous offrit de prendre un morceau de pain avant que de partir, mais nous lui dîmes que nous étions bien aises d'aller dire la Messe à

Lerins, plutôt pour satisfaire notre dévotion, que pour y voir la maison. Il fit tout ce qu'il put pour nous en détourner ; & voyant que nous étions résolus d'y aller, il nous demanda excuse de ce que nous avions été mal reçus, &c ».

Ces Religieux ne furent cependant point dans l'île de Lerins ; la raison peu valable qu'ils en donnent n'étoit sans doute pas la seule.

L'ILE Sainte-Marguerite, située entre la terre-ferme & l'île de Lerins, dont nous venons de parler, n'est séparée de cette dernière que par un canal d'environ trois cents toises ; elle étoit, chez les anciens, appelée *Lero*, à cause du culte qu'on y rendoit à une Divinité de ce nom : la dénomination de Sainte-Marguerite lui vient d'une chapelle dédiée à cette Sainte.

Cette île est plus grande que la précédente ; elle a deux tiers de lieue de longueur, & une petite demi-lieue de largeur. Elle fut anciennement habitée par des Solitaires dont *Saint-Eucher* est le plus connu. Les Espagnols s'en emparèrent en 1635, en prenant l'île de Lerins ; ils y firent construire plusieurs fortifications. M. de Saint-Marc, qui en devint Gouverneur, y fit bâtir des prisons pour les criminels d'Etat, & l'on prétend qu'il n'y en a point en France de plus sûres.

ANECDOTE. C'est dans cette prison que, vers la fin du dernier siècle, fut transféré du château de Pignerol, le fameux *prisonnier au masque de fer* ; sa naissance est une énigme historique dont on a plusieurs fois tenté sans succès de découvrir le mot. Cet homme inconnu étoit haut, bien fait; sa peau étoit un peu brune, mais douce; il aimoit la propreté, la parure, le linge fin, les dentelles, les colifichets, comme une coquette; il pinçoit de la guitare & chantoit agréablement.

Lorsqu'une maladie le forçoit de se montrer à un Médecin ou à un Chirurgien, ou lorsqu'il alloit en voyage, il portoit un masque dont la mentonnière avoit des ressorts d'acier, qui lui laissoient la liberté de manger & de boire. M. *de Saint-Marc*, à qui ce prisonnier étoit confié, avoit ordre de le tuer s'il se fût montré à découvert, ou fait connoître à quelqu'un. On avoit, pour plus de sûreté, placé aux deux extrémités du fort deux sentinelles qui étoient chargés de tirer sur les bateaux qui s'approcheroient à une certaine distance. On ne lui refusoit rien de ce qu'il demandoit; il faisoit grande chère. Le Gouverneur s'asseyoit rarement devant lui, & ne lui parloit qu'avec le plus grand respect. Le premier jour qu'il fut dans l'île, on observa que cet Officier mettoit lui-même les plats sur la table.

Un jour, cet illustre prisonnier écrivit avec un couteau sur une assiette d'argent, & jeta l'assiette par la fenêtre; elle tomba sur un bateau fixé au bord de la mer, presque au pied de la tour. Un Pêcheur à qui ce bateau appartenoit, ramassa l'assiette, & la rapporta au Gouverneur. Celui-ci, étonné, lui demanda: *Avez-vous lu ce qui est écrit sur cette assiette, & quelqu'un l'a-t-il vue entre vos mains?*

— *Je ne sais pas lire*, répondit le Pêcheur, *& personne n'a pu la voir*. Ce Paysan fut retenu jusqu'à ce qu'on eût pris des informations certaines sur la vérité de son ignorance. *Allez*, lui dit le Gouverneur en lui rendant la liberté, *vous êtes bien heureux de ne pas savoir lire*.

La Grange Chancel raconte dans une lettre à l'Auteur de l'Année Littéraire, que lorsque M. de Saint-Marc alla prendre l'homme au masque de fer pour le conduire à la Bastille, ce prisonnier dit à son conducteur : *Est-ce que le Roi en veut à ma vie ? — Non, mon Prince*, répondit Saint-Marc, *votre vie est en sûreté, vous n'avez qu'à vous laisser conduire*. J'ai su, ajoute le même Auteur, d'un nommé *Dubuisson*, Caissier du fameux *Samuel Bernard* (lequel, après avoir été quelques années à la Bastille, fut conduit aux îles Sainte-Marguerite), qui étoit dans une chambre avec quelques autres prisonniers, précisément au dessus de la pièce occupée par cet inconnu ; que, par le tuyau de la cheminée, ils pouvoient s'entretenir & se communiquer leurs pensées ; mais que ceux-ci lui ayant demandé pourquoi il s'obstinoit à leur taire son nom & ses aventures, il leur avoit répondu que cet aveu lui coûteroit la vie, ainsi qu'à ceux auxquels ils auroit révélé son secret.

M. l'Abbé Papon rapporte qu'un officier de la citadelle de Sainte-Marguerite, âgé de soixante-dix-neuf ans, lui a dit que son père, qui servoit comme lui dans cette île, lui racontoit souvent qu'un *Frater* aperçut un jour, sous la fenêtre du prisonnier, quelque chose de blanc qui flottoit sur l'eau; il l'alla prendre & l'apporta à M. de Saint-Marc. C'étoit une chemise très-fine, pliée avec assez de négligence, & sur laquelle le prisonnier avoit écrit d'un bout à l'autre.

M. de Saint-Marc, après l'avoir dépliée, & avoir lu quelques lignes, demanda au *Frater*, d'un air fort embarrassé, s'il n'avoit pas eu la curiosité de lire le contenu; celui-ci l'assura du contraire, mais deux jours après il fut trouvé mort.

Le même Auteur rapporte qu'on cherchoit une personne du sexe pour servir le prisonnier. Une femme du village de Mongins vint s'offrir, dans la persuasion que ce seroit un moyen de faire la fortune de ses enfans; mais quand on lui dit qu'il falloit renoncer à les voir, & même à conserver aucune liaison avec le reste des hommes, elle refusa de s'enfermer avec un prisonnier dont la connoissance coûtoit si cher.

La personne qui servoit le prisonnier, mourut à l'île Sainte-Marguerite. Le père de l'officier dont on a parlé, qui étoit, pour certaines choses, l'homme de confiance de M. de Saint-Marc, a souvent dit à son fils, que lui-même avoit été, à minuit, dans la prison, prendre le mort, & l'avoit porté sur ses épaules jusqu'au lieu de sa sépulture. Il crut d'abord que ce cadavre étoit celui du prisonnier lui-même, mais il apprit que la personne morte étoit celle qui le servoit, & ce fut alors qu'on chercha une femme pour la remplacer.

On pourroit encore citer une infinité de traits

de cette nature ; mais ceux que nous rapportons suffisent pour prouver qu'on employoit rigoureusement toutes les précautions nécessaires pour cacher l'état de ce prisonnier, & que sa naissance étoit des plus illustres.

Mais quel étoit donc ce personnage important ? On a fait bien des conjectures sur cet objet : on a dit que c'étoit le *Duc de Beaufort* ; mais ce Duc fut tué au siége de Caudie le 25 juin 1669.

On lit dans un ouvrage clandestin, que cet inconnu étoit le fils légitimé de Louis XIV & de la Duchesse *de la Vallière*, le Comte *de Vermandois*, & que son propre père le condamna à une prison perpétuelle, pour le punir d'un soufflet donné à Monseigneur le Dauphin ; & tout le monde sait que ce Comte mourut de la petite vérole, au camp devant Dixmude, en 1683.

On a dit encore que ce prisonnier étoit un secrétaire du Duc de Mantoue ; mais cette assertion n'est pas soutenable : auroit-on gardé avec tant d'activité, avec des soins si empressés, un Secrétaire de ce Prince ? l'auroit-on respecté, servi comme un Prince même ?

On a tout hasardé pour dévoiler ce mystère, jusqu'à dire que l'inconnu étoit un Secrétaire d'ambassade, même une femme, &c. Ces opinions ne valent pas la peine d'être réfutées. Enfin, si l'on ne découvre quelques monumens ignorés du temps de la régence d'Anne d'Autriche & du ministère du Cardinal Mazarin, ou bien quelques mémoires écrits par les personnes initiées dans le secret, le nom de ce prisonnier, inconnu à ses contemporains, le sera aussi à la postérité : sans de nouvelles lumières historiques, on n'aura que de vagues conjectures à former, & le masque sous lequel une politique injuste & cruelle avoit caché les traits de son visage, restera jusqu'à la fin des siècles, pour nous cacher son état.

Ce qu'il y a de certain, c'est que ce prisonnier fut conduit, par M. de Saint-Marc, du château de Pignerol, à la forteresse de l'île Sainte-Marguerite ; qu'alors il pouvoit avoir environ cinquante ans, & qu'il fut amené à la Bastille par le même de Saint-Marc ; que Madame de Louvois vint lui rendre visite, & lui parla avec le plus grand respect ; que le 19 novembre 1703, il mourut, & le lendemain, à quatre heures après midi, il fut enterré à Paris, dans le cimetière de la paroisse de Saint-Paul, sous le nom de *Marchiali* : ce qui est encore certain, c'est que lorsque cet homme fut conduit à l'île Sainte-Marguerite, on ne s'aperçut point qu'il manquât en Europe aucun homme considérable ; que Louis XIV témoigna le plus vif intérêt à dérober ce particulier aux yeux de son siècle & de la postérité ; voilà les seules données de ce problême difficile à résoudre.

Dans la forteresse de Sainte-Marguerite, on montre encore la chambre qu'habitoit cet énigmatique & illustre prisonnier ; elle n'est éclairée que par une fenêtre du côté du nord, percée dans un mur fort épais, & fermée par trois grilles de fer placées à une distance égale ; & cette fenêtre donne sur la mer.

ANTIBES.

Ville forte & ancienne avec un port de mer, qui est le dernier de France du côté de l'Italie ; elle est située sur la Méditerranée, à trois lieues de Nice, à trois lieues & un tiers de Grasse, à dix-huit de Toulon, & à vingt-trois d'Aix.

ORIGINE. Antibes, dont le nom latin est *Antipolis*, étoit une Colonie Marseilloise, fondée environ trois cent quarante ans avant notre Ere. Elle fut sous la dépendance de Marseille, jusqu'à ce que *Jules César* se rendit maître de cette République. Les Romains en firent alors une place d'armes, la décorèrent de plusieurs édifices, & lui donnèrent le droit de ville latine.

ANTIQUITÉS. Des nombreux monumens dont les Romains embellirent cette ville, il en existe encore plusieurs restes, tels qu'un théâtre dont les ruines paroissent auprès de la porte de la ville, & dans l'endroit où est le jardin des Ingénieurs. Une inscription gravée sur une pierre en forme d'une porte, fait mention de ce théâtre, & conserve la mémoire d'un enfant de douze ans qui dansa deux jours de suite sur la scène, & mérita les applaudissemens des spectateurs.

HISTOIRE. Les ravages des Pirates & des Sarrasins qui, pendant plusieurs siècles, désolèrent les côtes de Provence, causèrent de grands maux à cette ville qui est aujourd'hui bien déchue de son antique splendeur. Le siége épiscopal fut, en 1244, transféré d'Antibes à la ville de Grasse. Le Pape Clément s'en empara en 1384, & la vendit ensuite à Messieurs de Grimaldi de Gênes; elle fut une propriété de cette maison jusqu'en 1608, qu'Henri IV, en acquit la seigneurie pour la somme de deux cent cinquante mille florins.

Description. La ville d'Antibes est petite & mal bâtie; ses fortifications consistent en quatre bastions, & trois demi lunes, avec fossés, chemin couvert, glacis, &c. Le côté de la mer est défendu par quatre autres petits bastions irréguliers, qui entourent le rocher.

Le port est protégé par un bastion au milieu du quai, faisant face à la rade où est le chantier de construction. La tête de ce quai est défendue par une batterie à barbette, & tout proche, il y a un corps-de-garde capable de contenir trente hommes.

Cette ville, aux mois de novembre & décembre 1746, a été assiégée par l'armée de l'Impératrice Reine de Hongrie, & par les troupes angloises & piémontoises; elle fut bombardée pendant vingt-neuf jours; la tranchée étoit déjà ouverte en deux endroits: mais les ennemis, apprenant l'arrivée du Maréchal de Belle-Isle à la tête de l'armée du Roi, levèrent le siège avec précipitation, le 3 février 1747, & repassèrent le Var.

Le Port d'Antibes est d'une forme presque ronde, & il a environ deux cent cinquante toises d'étendue en tous sens; sa circonférence est de six cent cinquante toises ou environ, mais la plus grande partie de cette capacité se trouve comblée par les sables qu'y charie la rivière du Var; de sorte qu'il ne reste tout au plus que quarante-trois toises de largeur sur cent cinquante de longueur, où les bâtimens puissent aborder.

En venant de la mer, on reconnoît le port d'Antibes par le cap de *la Garoupe*; ce cap forme une longue pointe basse qui a quatre ou cinq milles de circuit. Vers le milieu de cette pointe, le terrain offre une espèce de plateau sur lequel se trouve bâtie une grande tour carrée.

L'Eglise, qui étoit autrefois cathédrale, n'est pas même aujourd'hui collégiale, quoique les six Prêtres qui la desservent prennent le titre de Chanoines. Il y a aussi, dans cette ville, un couvent de Cordeliers, célèbre par les extravagances qui s'y commettoient autrefois le jour de la fête des Innocens; voici ce qu'écrivoit, en 1645, le Père *Neuré à Gassendi*, sur ce sujet.

USAGES anciens. « Jamais les Payens n'ont solennisé avec tant d'extravagance leurs fêtes pleines de superstitions & d'erreurs, que l'on solennise la fête des Innocens à Antibes, chez les Cordeliers. Ni les Religieux-Prêtres, ni les Gardiens ne vont au chœur ce jour-là. Les Frères laïques, les Frères coupe-choux, ceux qui vont à la quête; ceux qui travaillent à la cuisine, les marmitons & ceux qui font le jardin, prennent place dans l'église, & disent qu'ils font l'office du jour, en faisant les furieux & commettant mille extravagances. Ils prennent des vêtemens sacerdotaux; mais ils choisissent ceux qui sont déchirés, ou bien ils les tournent à l'envers; ils font semblant de lire dans les livres du chœur, mais ces livres sont tournés du bas en haut, & ils mettent sur leurs nez des lunettes dont ils ont ôté le verre, & à la place duquel ils ont posé des morceaux d'écorce d'orange; ce qui les rend si difformes & si épouvantables, qu'il faut les avoir vus pour le croire; ils poussent encore plus loin leurs indécentes bouffonneries. En jouant avec l'encensoir, ils se font voler réciproquement des cendres au visage, & cherchent à s'en couvrir la tête des uns des autres. Dans cet équipage ridicule, ils ne chantent point des hymnes, des pseaumes, mais ils marmottent quelques sons mal articulés & confus, & poussent, par intervalles, des cris affreux: on croiroit entendre le bruit d'un troupeau de cochons; il vaudroit encore mieux conduire des bêtes brutes dans les églises, qui adoreroient Dieu à leur manière, que des hommes de cette espèce qui se moquent de Dieu en chantant ses louanges, qui deviennent plus bêtes que les bêtes mêmes, & qui, à force d'impertinences & de folies abominables, surpassent en sottise, en brutalité, les plus brutes des animaux ».

ÉTAT D'AVIGNON ET COMTÉ VÉNAISSIN.

Tableau général de l'Etat d'Avignon & du Comté Venaissin.

ON confond ordinairement *l'Etat d'Avignon & le Comté Venaissin* sous le nom de *Comté* ou *Comtat d'Avignon*. Quoique ces deux Etats voisins appartiennent au Pape, ils sont cependant à peu près distincts & indépendans l'un de l'autre; chacun a ses lois & coutumes particulières.

Ces deux Etats ont un seul Gouverneur, qui est le Vice-Légat, & qui fait sa résidence à Avignon. Le Comté a de plus un Gouverneur particulier, qu'on nomme *Recteur*, qui réside à Carpentras, & qui y est envoyé tous les trois ans par le Pape.

L'Etat d'Avignon comprend la ville, le bourg de *Morière*, la paroisse de *Montfavet*, & un grand nombre de fermes répandues dans la campagne; il est situé entre le Rhône, la Sorgue & la Durance, & il est contigu au Comté Venaissin; il a deux grandes lieues de longueur sur une lieue trois quarts de largeur: ce petit pays, qui est un des plus beaux, des plus salubres de France, est arrosé par une branche de la Sorgue, qui vient se perdre dans le Rhône à Avignon même, & par un canal tiré de la Durance,

Durance qui se jette aussi dans le Rhône proche Avignon.

Le Comté Venaissin est une petite province enclavée dans la France, appartenante en toute souveraineté au Pape, & dont la capitale est *Carpentras*.

Ce Comté est situé entre le vingt-deuxième degré vingt minutes vingt secondes, & le vingt-troisième degré & trois minutes de longitude, & entre le quarante-troisième degré quarante-six minutes & demie, & le quarante-quatrième degré vingt-sept minutes de latitude; il est borné au nord & au nord-est par le Dauphiné, au sud par la Durance qui le sépare de la Provence, à l'est encore par la Provence, & à l'ouest par le Rhône qui le sépare du Languedoc; il a quatorze lieues de longueur sur neuf & demie de largeur, & l'on évalue son étendue à quatre-vingts lieues carrées.

Le climat & les productions du Comté Venaissin diffèrent très-peu de ceux de la Provence; il n'en est pas de même du caractère des habitans; ils sont vifs, affables, ingénieux, de bonne société & désintéressés.

Carpentras est la capitale du Comté Venaissin; c'est dans cette ville que s'assemblent, tous les ans, les états de cette petite province.

On compte dans ce pays trois villes épiscopales, onze autres villes, quatorze gros bourgs, & soixante bons villages, dont la plupart ressemblent à de petites villes, étant fermés de murailles & gouvernés par un corps de Magistrature.

Partie I.

AVIGNON.

HISTOIRE. Cette ville, située sur la rive gauche du Rhône, à quatre lieues un quart d'Orange, à six & demie du Pont-Saint-Esprit, & à douze & demie d'Aix, fut bâtie par la République de Marseille, environ deux cent quinze ans après la fondation de Rome. Les Romains, les Francs & les Sarrasins s'en emparèrent successivement. L'an 1206, elle fut érigée en République sous le Gouvernement d'un *Podestat* électif, dont la puissance a duré jusqu'en 1231. Pendant cet intervalle, elle souffrit des guerres cruelles pour maintenir sa liberté.

Jeanne première, Reine de Naples & Comtesse de Provence, pressée par une circonstance malheureuse, vendit au Pape Clément VI, en 1348, la ville d'Avignon, pour la somme de quatre-vingt mille florins d'or. Cette vente a excité bien des réclamations; on a prétendu que *Jeanne* étant mineure, ayant vendu sans le consentement des Etats, & pour un prix beaucoup trop modique, la vente devoit être regardée comme nulle: plusieurs Historiens prétendent même que cette somme de quatre vingt mille florins ne fut jamais comptée à la Reine; elle assure cependant dans le contrat l'avoir réellement reçue (1).

---

(1) M. l'Abbé Papon, dans son troisième volume de l'Histoire de Provence, remarque que le registre où se trouvoit l'emploi des 80000 florins, a été brûlé à moi-

Depuis cette époque, la Cour de Rome a toujours été en possession de cette ville & du pays en dépendant, appelé *Comté Venaissin*.

En 1662, l'Ambassadeur de Louis XIV à Rome fut insulté par les Corses soldatesques, dont la fonction est d'accompagner les Sbires aux exécutions de la justice : le Pape refusa de lui en faire satisfaction ; alors le Roi fit sortir le Nonce des terres de France, se saisit d'Avignon, & se préparoit à faire marcher une armée en Italie. Alexandre VII, qui siégeoit alors, épouvanté, fit implorer la clémence du Roi, & se soumit à toutes les satisfactions demandées.

En 1688, Louis XIV s'empara encore d'Avignon, parce que le Pape Innocent XI avoit excommunié son Ambassadeur, M. *Beaumanoir de Lavardin*, à l'occasion des franchises, & parce qu'en s'obstinant à refuser les Bulles aux Évêques de France, il étoit la cause que trente-cinq églises cathédrales se trouvoient destituées de Pasteurs. En 1690, le Pape étant mort, son successeur demanda à rentrer en possession d'Avignon, & le Roi lui rendit cette ville.

Cet exemple a été imité depuis par Louis XV. Pour venger l'injure faite par le Pape Clément XIII au Duc de Parme, ce Roi en-

---

rié, mais qu'il en a trouvé une copie à Naples dans un ancien recueil. Un Magistrat du Parlement d'Aix a traité cette matière à fond dans un ouvrage peu répandu, intitulé : *Mémoire pour le Procureur Général au parlement de Provence, servant à établir la souveraineté du Roi sur la ville d'Avignon & le Comté Venaissin*, 1769, 2 vol. in-8.

voya, en 1768, M. le Marquis de *Roche-chouart*, à la tête de quelques troupes, pour s'emparer d'Avignon. Cette ville se rendit sans difficultés, & resta soumise au Roi de France tant que vécut le Pape Clément XIII; elle fut rendue à son successeur Clément XIV. Cette expédition facile est le moyen le plus court pour mettre le Pape à la raison.

Une chose remarquable, c'est que le Rhône, qui baigne, pour ainsi dire, les murs d'Avignon, appartient au Roi de France; & ce droit, qui est aussi ancien que la Monarchie, est fondé sur le plus ancien principe qu'il y ait au monde, sur la propriété des choses; c'est le droit appelé par les Jurisconsultes, *la première occupation* (*prima occupatio rerum*).

Un fait qui constate bien expressément les prétentions du Roi sur le Rhône, c'est que, sur la fin du dernier siècle, ce fleuve s'étant débordé, & ayant inondé Avignon, le maître des ports de Villeneuve vint par eau dans cette ville, & y planta, de son bateau, dans la rue de *la Fusterie*, un poteau aux armes du Roi, qui rétablissoit & assuroit la domination de Sa Majesté dans la partie de la ville qui étoit inondée.

Antiquités. Sur le rocher de *Dons*, d'où l'on jouit d'une vue charmante, étoit anciennement le principal quartier de la ville, défendu par des murailles dont on voit encore des traces dans des maisons de la rue de *La petite Fusterie*. Au sommet s'élevoit un temple bâti en forme de rotonde, incrusté en marbre en dedans, & orné de belles colonnes de la même matière. Ce temple, autour duquel régnoit un petit bois, étoit consacré à *Diane*; on ne doute pas que cette Déesse ne fût, dans des temps éloignés, la Divinité tutélaire d'Avignon (1).

Tout proche le temple de Diane, au même endroit où est à présent l'église métropolitaine de Notre-Dame de Dons, étoit un autre temple consacré à Hercule, autant qu'on en peut juger par un piedestal découvert en cet endroit, sur lequel on lisoit l'inscription suivante :

HERCULI AVENNICO,
DEO PROTECTORI, &c.

Il y a tout lieu de croire que cet Hercule étoit le même que l'Hercule gaulois.

En 1146, en travaillant à des fondemens de maisons, tout proche des anciennes murailles de la ville, on découvrit une belle colonne de jaspe sur laquelle étoit représentée la victoire que le Proconsul *Domitius Ænobarbus* avoit remportée dans la plaine d'Avignon sur *Teutomalion*, Roi des Saliens, environ cent vingt ans avant l'ère chrétienne.

_____

(1) M. l'Abbé d'Expilli prétend que le nom de cette Déesse a contribué à la formation de celui d'*Avignon*. Les Bateliers & Voyageurs sur le Rhône se croyoient exempts de périls lorsqu'ils s'étoient mis sous la protection de Diane, & à la vue du temple de cette Divinité protectrice, ils ne manquoient point de la saluer en disant, *Ave Diana*; dans la suite cette expression fut altérée, ainsi que cela devoit naturellement arriver dans la bouche de ces gens grossiers; d'*Ave Diana*, on fit par corruption, *Ave Niana*; c'est de là, à ce qu'on croit, qu'est venu le mot *Avenio* ou *Avignon*.

En 1624, on trouva, en creusant les fondemens de la maison du Noviciat des Jésuites, un petit tombeau en forme de voûte, qui contenoit une urne de verre avec des lacrimatoires. On a découvert plus récemment encore dans des maisons de particuliers, des fragmens de colonnes de porphyre & de statues.

DESCRIPTION. Avignon est dans une belle situation : au couchant, le Rhône coule le long de ses murailles; mais l'impétuosité de ce fleuve est modérée par de beaux quais qui forment, entre la ville & le Rhône, une promenade agréable & bien entretenue. Les autres côtés de la ville sont bordés par un cours planté d'ormes alignés, d'où la vue s'étend sur une plaine agréable & bien cultivée.

Les murailles de la ville, entièrement construites en pierre de taille, sont plus belles que propres à la défense; au lieu d'embrâsures & de canons, on voit sur les créneaux les armes des Papes & les clefs de Saint-Pierre.

On entre à Avignon par sept portes; on y trouve peu de belles rues.

Le Palais apostolique est d'un goût gothique; mais c'est un édifice des plus solides, fort vaste, & qui a un caractère de grandeur.

L'église métropolitaine est sous le titre de *Notre-Dame de Dons* (1). Le chœur est décoré

---

(1) Dans cette église, fut prononcée, en 1615, l'oraison funèbre du *brave Crillon*, par le P. *François Bening*, Jésuite; cette pièce d'éloquence, recherchée par son ridicule, fut fort admirée dans son temps. L'Orateur, en voulant excuser son Héros de ce qu'il ne faisoit pas de longues prières, dit : « Le sieur de Crillon

d'un lambris doré où l'on voit les médaillons des neufs Papes qui ont résidé à Avignon; en venant de la sacristie, pour aller à ce chœur, on trouve le mausolée du fameux Pape Jean XXII.

Ce mausolée gothique, en forme de chapelle, est surmonté d'espèces d'obélisques exécutés en pierre avec beaucoup de délicatesse; on trouve aussi dans cette église plusieurs autres mausolées dont nous ne parlerons point.

Dans une chapelle on voit une chaire fort simple, sculptée dans le mur, dont se servoient autrefois les Papes qui ont siégé à Avignon; on lit au dessous cette inscription qui le témoigne :

Sedes summorum Pontificum qui ab an. M. CCCC. VIII. per plusquam LXX. an. Avenione alterâ Româ degentes, orbi Christiano præfuerunt.

» traitoit avec Dieu comme avec les Rois, brièvement
» & réveremment.... J'assure qu'une petite oraison bien
» troussée, & faite avec attention & récollection inté-
» rieure, est plus agréable à Dieu, qu'une longue, lente
» & languissante oraison... Ailleurs l'Orateur s'écrie : Il
» est mort, il n'y a plus de Crillon, nous ne le verrons
» plus faire voler son cheval, le manier à sauts gaillards,
» à la carrière, à bride ronde, en long ; *abjectus est*,
» il est mort, nous ne le verrons plus dans son carrosse
» faire le tour de la ville... Adieu, Crillon, adieu ; adieu
» le Capitaine des merveilles, adieu la merveille des
» Capitaines ; adieu mon brave, adieu brave Crillon,
» nous ne vous verrons plus, nous ne vous ouïrons
» plus ». Il faudroit citer toute la pièce, pour en rapporter
tout le ridicule. L'Orateur termine par cette moralité: « Il
» faut mourir, & bien mourir ; pour bien mourir, bien
» vivre, pour bien vivre, mourir à l'ambition, volupté
» & avarice. J'ai dit, & n'ai rien dit ».

Au rond point de cette église, on voit une Assomption peinte par *Parrocel*.

Dans la sacristie sont trois tableaux du même Peintre ; l'un représente Saint-Ruf ; l'autre Saint-Michel, & le troisième, l'Ange Gardien.

Dans la chapelle de la Vierge on admire trois tableaux, l'Annonciation, la Présentation & la Visitation, peints par *Nicolas Mignard*.

On compte à Avignon, y compris la métropolitaine dont nous venons de parler, huit chapitres, cent neuf Chanoines ou Dignitaires, quarante-un Bénéficiers, & plusieurs autres Ecclésiastiques de bas-chœur ; trente-six maisons Religieuses ; sept confréries de Pénitens ; trois Séminaires ; enfin dix Hôpitaux. D'après cette énumération, on voit que dans une ville peuplée d'environ vingt-cinq mille habitans, le nombre des communautés, des églises & des ecclésiastiques, excède de beaucoup celui qui se trouve dans les autres villes de France, en proportion de leur grandeur & population. En conséquence les biens du Clergé de cette ville sont considérables ; on évalue son revenu fixe chaque année, à cinq cent soixante-douze mille livres. Le nombre des clochers est aussi très-grand, c'est pourquoi Rabelais a nommé *Avignon, la ville sonnante*.

Parmi les nombreuses cloches, il en est une qu'on assure être toute en argent ; elle est au palais apostolique ; on la sonne à la mort de chaque Pape & à l'exaltation de son successeur, pendant vingt-quatre heures.

Dans l'église de *Sainte-Agricol*, est une

chapelle de Sainte Anne, où l'on voit un tableau de cette Sainte, peint à Rome par *le Trevisan*.

A la paroisse de *Saint-Pierre*, dans la chapelle de la communion, est une Immaculée Conception, peinte par *Nicolas Mignard*; dans la chapelle de Saint-Joseph, on voit un tableau de *Nicolas Mignard* fils, & la vie de Saint-Antoine de Padoue, en dix tableaux, par *Pierre Parrocel*.

L'église des Prêtres de l'Oratoire, quoique petite, est construite avec goût, & très-bien décorée. Le tableau du maître-autel offre une Adoration des Bergers par *Nicolas Mignard*.

Les Pénitens de la Miséricorde ont dans leur église un Saint-Guillaume, peint par M. *Vien*.

Aux Pénitens noirs, on admire un tableau de la Cène.

Aux Pénitens blancs, aux Grands Augustins, on voit des tableaux de *Pierre Mignard*; dans l'église des Carmes Déchaussés, dans celle des Religieuses de la Visitation & de l'hôpital de Saint-Benezet, on voit des tableaux de *Nicolas Mignard*.

Les *Célestins* furent fondés en 1393, dans l'emplacement d'un cimetière où le bienheureux *Pierre de Luxembourg* avoit été enseveli; leur maison, leur église, & leurs deux jardins doivent fixer l'attention des curieux.

Au milieu du chœur de l'église est le mausolée du Pape Clément VII, qui mourut à Avignon le 17 septembre 1394; on y lit son épitaphe en prose latine.

Dans une des salles de cette maison, est un

grand tableau où se trouve représenté un squelette de grandeur naturelle ; on voit à côté un cerceuil dans lequel on a peint une toile d'araignée avec tant d'art, qu'elle fait une illusion complète ; le squelette est d'une grande force de dessin. Plus bas, mais toujours dans le même tableau, sont des vers écrits en lettres gothiques, annonçant que ce squelette est celui d'une femme qui fut célèbre par sa beauté. Suivant la tradition, cette femme fut aimée du Roi *René*, & ce Prince est l'auteur de cette peinture & des vers ; les Célestins témoignent la même chose, & c'est ce qui ajoute un nouvel intérêt à ce tableau. Voici les vers gothiques :

    Une fois fus sur toute femme belle,
    Mais par la mort suis devenue telle :
    Ma chair estoit très-belle, fraîsche, tendre,
    Or est-elle toute tournée en cendre ;
    Mon corps estoit très-plaisant & très-gent ;
    Je me souloye souvent vestir de soye,
    Or en droit faut que toute nue soye.
    Fourrée estois de gris & menu vair ;
    En grand palais me logeois à mon veuil,
    Or suis logée en ce petit cercueil.
    Ma chambre estoit de beaux tapis ornée,
    Or est d'aragnes ma fosse environnée ;
    De tous estois nommée Dame chière,
    Or qui me voit ne fait semblant ni chière ;
    Maint me louoit qui près de moi passoit,
    Conte n'en fait nul qui près de moi soit.
    Par-tout étoit ma beauté racomptée,

Or n'en eſt vent ni nouvelle comptée.
Si penſe celle qu'en beauté va croiſſant,
Que toujours va ſa vie en décroiſſant;
Soit ores Dame, Demoiſelle ou Bourgeoiſe;
Face donc bien tandis qu'elle en a l'oiſe;
Ains que devienne comme moi pour voy telle;
Car chacun eſt, comme a été, mortelle.

Quotidie morimur, quotidie enim demitur aliqua pars vitæ ; & tunc quoque cùm creſcimus, vita decreſcit. Ex Epiſtolis Senecæ.

Les autres tableaux de cette ſalle ſont de la même main, & ſont curieux ſeulement en ce qu'ils ſervent à marquer le degré des Beaux-Arts du ſiècle où ils ont été peints.

La bibliothèque des Céleſtins eſt compoſée de livres que ces Peres ont achetés, & de ceux qui leur ont été légués par le fameux *Gerſon*; cet habile homme donna ſa bibliothèque, par une lettre qu'il leur écrivit, datée de Lyon, l'an 1428. « De mon âge, dit-il, ſoixante-
» cinq, qui ſera révolu le quatorzième jour de
» décembre, jour auquel l'Egliſe célèbre la
» fête de Saint-Nicaiſe de Rheims, & jour
» auquel je ſuis né & ai été baptiſé ».

Les Cordeliers arrivèrent à Avignon en 1227. Leur égliſe eſt extrêmement vaſte, la voûte eſt un ouvrage hardi. Dans une petite chapelle, ſombre & mal ornée, qui eſt la ſeconde à droite en entrant par la principale porte de l'égliſe, on voit le tombeau de la belle *Laure*, femme de Hugues *de Sade*, devenue si célèbre par les vers & l'amour de *Pétrarque*; ce tombeau est également celui d'*Hugues de Sade*, mari de *Laure*; l'épitaphe qui est gravée sur le mur joignant le tombeau, ne fait mention que d'*Hugues de Sade*.

On avoit cru long-temps que cette célèbre Amante étoit demoiselle; mais ce monument, ainsi que son contrat de mariage, rapporté par M. l'Abbé *de Sade*, prouvent incontestablement qu'elle fut mariée: on sait aussi qu'elle fut mère de plusieurs enfans.

Depuis long-temps l'amour & la poésie ont réuni les deux noms de *Laure* & de *Petrarque*. Ce Poète, dont la passion étoit aussi constante, aussi vive, que sa maîtresse étoit chaste & belle, exhala son amour dans trois cent dix-huit sonnets, & quatre-vingt-huit chansons; ce qui est à remarquer, c'est que les faveurs de *Laure* ne furent jamais, à ce qu'on dit, le prix des chansons passionnées de *Pétrarque*.

Environ 200 ans après la mort de la belle *Laure*, des curieux obtinrent la permission d'ouvrir le tombeau où elle avoit été inhumée: on y trouva une petite boîte qui contenoit des vers italiens, écrits de la main de Pétrarque, & une médaille de plomb, sur un côté de laquelle on voyoit le buste d'une femme, & sur l'autre, ces quatre lettres M. L. M. I. qui signifient, à ce qu'on prétend, *Madona Laura morta Jace*, c'est-à-dire, *Madame Laure est ici morte*. Les vers italiens qu'on trouva dans la boîte dont je viens de parler, sont imprimés dans les

Œuvres de Pétrarque, publiées à Lyon en 1545; ils commencent ainsi :

Qui riposan quei e felici ossa
Di quella alma, gentile e sola
In terra, &c.

François Ier, en passant à Avignon, voulut visiter le tombeau de la célèbre amante de Petrarque; la mémoire de sa vertu, de sa beauté, & des vers qu'elle avoit inspirés, lui inspirèrent aussi l'épitaphe suivante :

En petit lieu, compris vous pouvez voir
Ce qui comprend beaucoup par renommée :
Plume, labeur, la langue & le devoir
Furent vaincus par l'aimant de l'aimée.
O gentille ame ! étant tant estimée,
Qui te pourra louer qu'en se taisant ?
Car la parole est toujours réprimée,
Quand le sujet surmonte le disant.

On a composé plusieurs autres épitaphes en l'honneur de cette célèbre femme; mais on n'en voit aucune gravée sur ce tombeau, beaucoup trop simple pour la célébrité des cendres qu'il contient.

Dans la chapelle de Saint-François de cette même église, est un tableau peint par *Parrocel*.

L'église des *Bénédictins* de la Congrégation de Cluni, est d'une assez belle architecture ; le chœur est décoré d'un ordre composite, & de bas reliefs dans les panneaux. Il y a aussi plusieurs grandes figures. Auprès du maître-autel, du côté de l'évangile, est le tombeau de Saint-Martial, Evêque; ce monument d'une architecture à demi gothique, est orné de figures bien exécutées; de l'autre côté est le mausolée de Gaspard de *Simiane de la Coste*, Abbé d'Auchy, Vicaire-Général de l'Abbaye de Cluni.

Dans l'église ci-devant occupée par les Antonins, a été inhumé le fameux *Alain Chartier*, Archidiacre de Paris, Conseiller au Parlement, Secrétaire des Rois Charles VI & Charles VII; il fit les délices de la Cour, & obtint le titre de *Père de l'Eloquence françoise*, titre qu'il mérita plutôt par sa prose que par ses vers. On disoit de lui qu'il étoit l'esprit le plus beau & l'homme le plus laid de France. Marguerite d'Ecosse, première femme de Louis XI, le trouvant endormi dans une salle, s'approcha de lui, & le baisa sur la bouche; les Dames de sa suite parurent surprises qu'elle eût accordé une faveur si précieuse à un homme si laid. *Je n'ai pas baisé l'homme*, leur répondit la Princesse, *j'ai seulement baisé la bouche d'où il est sorti tant de belles choses*. Cet homme célèbre mourut à Avignon en 1449; voici son épitaphe, comme elle existoit avant les réparations faites à l'église:

HIC JACET,

Virtutibus insignis, scientiâ & eloquentiâ clarus, ALANUS CHARTIER, *ex Bojoris in Normandiâ natus, Parisiensis Archidiaconus & Consiliarius, Regio jussu ad Imperatorem, multosque Reges ambasciator saepiùs transmissus, qui libros varios stilo elegantissimo composuit, & tandem obdormivit in Domino in hâc Avenionensi civitate, anno Domini* 1449.

La *Juiverie* d'Avignon est un quartier affecté aux Juifs, qui y sont clos & séparés des autres habitans. La nuit ils sont fermés sous la clef, & le jour ils sont distingués par des chapeaux rougeâtres ou par des rubans jaunes qu'on les oblige de porter. On les avilit, on les dégrade, on les fait croupir dans l'opprobre, & l'on se plaint de ce qu'ils n'ont point la probité & la délicatesse des hommes libres & honorés!

La *Synagogue* est petite, mais jolie.

Dans les réglemens que dicta Jeanne de Naples pour la police d'un lieu de débauche qu'elle établit à Avignon en 1347, elle prescrivit à la Supérieure de cette maison de n'y laisser entrer aucun Juif, & que s'il arrivoit qu'il s'en introduisît furtivement, & qu'il eût commerce avec une des filles, il seroit emprisonné & fouetté publiquement (1).

Il y avoit autrefois à Avignon un beau pont sur le Rhône, que fit bâtir en pierres de taille, l'an 1127, *Saint-Benezet*, Berger de pro-

---

(1) Elle défend aussi dans ces réglemens, aux filles qui composoient cette maison, d'avoir entre elles ni disputes ni jalousies, & leur enjoint de vivre comme sœurs; si elles ont quelques démêlés, la Supérieure doit les juger. Qu'il y ait une porte, y est-il dit, qui s'ouvre à tout le monde, mais qui se ferme à la clef, de peur que quelques jeunes gens ne voyent les filles de ce lieu sans la permission de la Supérieure, qui sera élue tous les ans par le Conseil de la ville.

fession (1) ; ce pont, qui a été emporté par la violence des eaux en 1667, avoit dix-neuf arches, & passoit pour une merveille ; on voit encore cinq arches dégradées & des piles qui nuisent à la navigation.

M. l'Abbé d'Expilli assure qu'il y avoit des fonds très-considérables affectés à l'entretien de ce pont ; *mais*, dit-il, *on ne sait, ou on ne veut pas savoir ce qu'ils sont devenus.*

Anecdote. Au mois de décembre 1574, Henri III étant à Avignon, se fit recevoir de la confrérie des Pénitens, appelée alors *Battus* (2) ; il assista à une procession qui s'y fit. La Reine Catherine de Médicis, *bonne pénitente*, dit l'Etoile, & son gendre le Roi de Navarre, qui fut depuis Henri IV, voulurent en être aussi. Henri III disoit en riant, que ce Prince n'étoit guère propre à cela.

Charles, Cardinal de Lorraine, assista à cette procession, portant le crucifix, les pieds & la tête presque entièrement nus ; il fut, en cette occasion, la victime de sa dévotion ; il tomba malade pour s'être ainsi dépouillé, & mourut quelque temps après dans des accès de folie.

Dans le pays d'Avignon, les femmes ont la réputation d'être belles, & le peuple,

---

(1) On voit son tombeau dans une chapelle particulière de l'église des Célestins d'Avignon.

(2) Il y avoit alors, dit l'Etoile, trois sortes de Pénitens à Avignon ; des *blancs*, qui étoient ceux du Roi, des *noirs*, qui étoient ceux de la Reine ; & des *bleus*, qui étoient ceux du Cardinal d'Armagnac.

quoique

quoique sur un sol fertile, quoique peu chargé d'impositions, vit dans l'indigence; le commerce est sans vigueur, l'industrie n'est point en activité, & il y a peu de manufactures.

HOMMES illustres. Avignon a produit des hommes illustres dans tous les temps & de tous les genres. On compte une infinité de Dames célèbres par leurs poésies, qui, dans le quinzième siècle, établirent à Avignon des espèces d'Académies, nommées *Cours d'amours*; c'est aussi la patrie du Chevalier *de Follard*, illustre par ses campagnes militaires, par ses grands talens dans la tactique, & par ses Commentaires *sur Polybe*; il eut pour disciples des Souverains & de grands Capitaines.

Rien n'est plus beau, plus riant que les environs d'Avignon; le lieu le plus remarquable, & que les Voyageurs ne manquent jamais de visiter, c'est *la fontaine de Vaucluse*. (*Voyez page suivante*).

POPULATION. En 1763, on comptoit dans Avignon, d'après des calculs exacts, vingt-trois mille huit cent quatre-vingt personnes de tout âge, de tout sexe, de tout état.

Depuis 1691 jusqu'en 1700 inclusivement, le nombre commun des naissances a gagné sur celui des morts, de neuf cent vingt-cinq, c'est-à-dire, d'un dixième ou environ; cette supériorité de naissances sur les morts, prouve que le climat & les alimens d'Avignon sont très-salubres.

Partie I.

FONTAINE DE VAUCLUSE.

Cette fontaine, célèbre par ses beautés naturelles, l'est encore davantage par l'amour & les vers de Pétrarque, & depuis par les voyages & les poësies d'une foule d'amateurs qui successivement sont venus, comme en pélerinage, révérer un lieu consacré à Laure, à Pétrarque, à l'Amour & aux Muses.

D'Avignon à Vaucluse on compte quatre lieues; ce chemin est dans une des plus charmantes plaines du Comté. On arrive à un vallon, au dessus duquel s'élève, en forme de fer à cheval, une montagne de pierre vive. Pour parvenir jusqu'au pied du rocher, fort haut & presque taillé à pic, d'où jaillit la fontaine, il faut monter par un chemin étroit & pierreux; les pieds délicats de l'Amante de Pétrarque devoient souffrir, dit-on, de cette promenade:

> Mais ce sentier, tout escarpé qu'il semble,
> Sans doute amour l'adoucissoit pour eux;
> Car nul chemin ne paroît raboteux
> A deux Amans qui voyagent ensemble.

On aperçoit bientôt un antre assez profond, & que son obscurité rend effrayant à la vue. Si l'eau est basse, on peut y entrer; alors on y voit deux grandes cavernes, dont la première a plus de soixante pieds de haut sous l'arc qui en forme l'entrée; l'autre, qui semble avoir cent pieds de large, & presque autant de profondeur, n'a qu'environ vingt pieds d'élévation. C'est vers le milieu de cet antre que s'élève, sans jet & sans bouillons, dans un bassin ovale d'environ dix-huit toises de diamètre, la source abondante de la rivière de Sorgue, qui porte bateau presque en sortant du rocher.

Dans son état ordinaire, l'eau de cette source s'échappe par des conduits souterrains, & arrive tranquillement jusqu'à son lit; mais après de grandes pluies, elle s'élève au dessus d'une espèce de mole placé devant l'antre, y forme un bassin dont la surface est unie comme une glace; ensuite, avec grand bruit, elle se précipite à travers les débris de rochers, les blanchit de son écume; enfin ayant heurté les nombreux obstacles qui arrêtent son impétuosité, elle va couler paisiblement dans un lit commode. Voici comme un Poëte a peint la bruyante explosion de cette source, & le cours tranquille qu'elle suit un peu plus loin :

>Là, parmi des rocs entassés,
>Couverts d'une mousse verdâtre,
>S'élancent des flots courroucés
>D'une écume blanche & bleuâtre :
>La chute & le mugissement
>De ces ondes précipitées,
>Des mers, par l'orage irritées,
>Imitent le frémissement;
>Mais bientôt, moins tumultueuse,
>Et s'adoucissant à nos yeux,
>Cette fontaine merveilleuse

N'est plus un torrent furieux ;
Le long des campagnes fleuries,
Sur le sable & sur les cailloux,
Elle caresse les prairies
Avec un murmure plus doux ;
Alors elle souffre sans peine
Que mille différens canaux
Divisent au loin dans la plaine
Le trésor fécond de ses eaux :
Son onde toujours épurée,
Arrosant la terre altérée,
Va fertiliser les sillons
De la plus riante contrée
Que le Dieu brillant des saisons,
Du haut de la voûte azurée,
Puisse échauffer de ses rayons.

Le vieux château, dont on aperçoit les ruines sur la montagne, n'est point, comme on le croit, le château de Pétrarque. Ce Poète, amant de la belle Laure de Sades, habitoit une petite maison dans le village, dont il ne reste plus de trace ; dans ses poésies, il la comparoit à la maison de Fabrice ou de Caton. Ce château ruiné appartenoit à *Philippe de Cabassole*, Evêque de Cavaillon, & ami de Pétrarque. Ce Prélat venoit souvent l'habiter, afin de voir cet aimable Poète plus à son aise.

Pétrarque, pour exprimer le tourment de son cœur, adressoit, dans une Ode touchante que Voltaire a peut-être embellie en la traduisant, ces plaintes amoureuses à la fontaine de Vaucluse, & aux objets intéressans qui l'environnoient. En voici la traduction :

Claire fontaine, onde aimable, onde pure,
Où la beauté qui consume mon cœur,
Seule beauté qui soit dans la nature,
Des feux du jour évitoit la chaleur ;
 Arbre heureux dont le feuillage,
 Agité par les zéphyrs,
 La couvroit de son ombrage,
 Qui rappelle mes soupirs,
 En rappellant son image ;
Ornemens de ces bords, & filles du matin,
Vous dont je suis jaloux, vous moins brillantes qu'elle,
Fleurs qu'elle embellissoit quand vous touchiez son sein ;
Rossignols, dont la voix est moins douce & moins belle,
Air devenu plus pur, adorable séjour,
 Immortalisés par ses charmes ;
Lieux dangereux & chers, où de ses tendres armes,
 L'amour a blessé tous mes sens !
 Ecoutez mes derniers accens,
 Recevez mes dernières larmes !

Cette fontaine, si fertile en inspirations poétiques & touchantes, a son eau claire, pure comme le cristal ; mais il faut se contenter de la voir ou de s'y mirer, & ne point en boire ; elle est crue, pesante, & indigeste ; elle a cependant des propriétés excellentes pour la tannerie & la teinture ; elle fait aussi, dit-on, croître une herbe qui a la vertu d'engraisser les bœufs & d'échauffer les poules.

VALRÉAS.

Petite ville située dans le haut Comté Venaiſſin, à trois lieues & demie de Vaiſon, & à trois lieues de Saint-Paul-Trois-Châteaux; elle a ſouffert beaucoup pendant les guerres de la religion, & elle n'eſt remarquable que par un uſage particulier.

Usage. La proceſſion de la Fête-Dieu ſe célèbre tous les ans avec beaucoup de ſolennité. Un homme, qui repréſente un Semeur & qui en fait les geſtes, ouvre la marche; à côté de lui on traîne une charrue décorée de buis, de rubans, & accompagnée de tous les uſtenſiles du labourage. Peu de jours auparavant, les Laboureurs ont choiſi un *Roi des Bouviers*; ce Roi aſſiſte à cette proceſſion avec une hallebarde à la main, & commande à tous les Payſans qui le ſuivent & qui ſont armés de fuſils. Il attend le retour du Saint-Sacrement à la porte de l'égliſe, pour lui faire le ſalut du ſponton. L'origine de cette cérémonie honorable à l'agriculture, eſt ignorée.

VAISON.

Une des villes épiſcopales du Comté Venaiſſin, autrefois bâtie dans la plaine ſur le bord de la rivière de l'Ouvèze, & aujourd'hui ſur une petite montagne. Elle étoit anciennement capitale des *Vocontiens*, *Vaſio Vocontiorum*, ou *Voconienſium*, & une des plus grandes villes des Gaules, comme il paroît par ſes ruines qui s'étendent dans l'eſpace d'une lieue.

On ignore en quelle année & par qui cette ancienne ville a été ruinée; quelques-uns attribuent cet événement aux Lombards, qui, sur la fin du sixième siècle, ravagèrent cruellement les pays qui sont entre le Rhône & les Alpes; d'autres l'attribuent aux Sarrasins.

La nouvelle ville n'a rien de remarquable, elle est petite & mal bâtie.

Parmi les ruines de l'ancienne Vaison, on remarque la cathédrale, qui est bien plus belle que celle de la nouvelle ville. On y trouve plusieurs tombeaux, & dans la nef on voit l'épitaphe du Sénateur *Pantagatus*, gravée en capitales romaines du septième siècle; elle est rapportée dans le Voyage littéraire de deux Bénédictins.

Derrière l'autel est le siége épiscopal, qui est de pierre simple & sans ornemens. Cette église est d'une belle construction. M. *Suares*, Evêque de Vaison, avoit autrefois proposé aux Chanoines de se bâtir un logement proche de cet ancien édifice, afin qu'ils pussent y célébrer l'office divin : il offroit pour les dépenses de cette construction une grande partie de son revenu; mais il ne trouva pas les esprits disposés à ce projet.

Un peu au de là on trouve l'église de *Saint-Quinide*, Evêque de Vaison; cette église, fort ancienne, étoit autrefois celle d'une abbaye; elle fut réparée dans le dernier siècle par M. *Suares*, qui y fit graver ces deux vers :

Sancto Quinidio reparo venerabile templum,
Ut mihi cœlestem præparet ipse thronum.

L'autel est d'un très-beau marbre : comme il est creux, on a pensé que ce pouvoit bien être le tombeau de Saint-Quinide. On trouve autour de cette église une infinité de tombeaux & d'inscriptions qui font juger que c'étoit autrefois un cimetière.

CARPENTRAS.

Ville ancienne, & capitale du Comté Venaissin, chef-lieu d'une judicature de son nom, avec un Evêché suffragant d'Avignon, un *Recteur*, dont la juridiction s'étend sur toute la province, &c.; elle est située sur la rive gauche de la rivière d'Auson, à trois lieues du Mont-Ventoux, à trois lieues d'Orange, à deux lieues & deux tiers d'Avignon, & à onze lieues & tiers d'Aix.

Le nom singulier de *Carpentras* a fait naître différentes conjectures sur son étymologie, qui ne sont guère satisfaisantes. Il est certain qu'avant que les Romains eussent pénétré dans les Gaules, cette ville étoit la capitale d'un peuple appelé *Meminiens*. Pline la nomme *Carpentoracte Meminorum*; elle fut colonie romaine; plusieurs inscriptions trouvées dans ce lieu en offrent des preuves incontestables.

Carpentras a éprouvé le sort des villes voisines, conquises par les Romains, puis ravagées & détruites par les Sarrasins dans le seizième siècle. Les guerres de la religion & celles qui désolèrent particulièrement la Provence & le Comté Venaissin, furent souvent funestes au repos & à la sûreté de ses habitans.

Le Baron *des Adrets*, animal féroce, méprisé des Protestans, méprisé des Catholiques, qui, par dépit, avoit successivement embrassé les deux partis. Cet homme, le plus inhumain de tous les Gentilshommes massacreurs qui alors pilloient & dépeuploient la France, vint en 1562 assiéger Carpentras; les habitans de cette ville le forcèrent, quelque temps après, à lever le siége.

DESCRIPTION. Carpentras est bien bâtie; sa forme est presque triangulaire; les rues, sans être bien larges, sont assez agréables; les murailles sont belles & construites en pierres de taille; les quatre portes sont percées aux quatre points cardinaux. On admire, avec raison, la tour qui est au dessus de la porte d'*Orange*, remarquable par sa hauteur & par la beauté de sa pierre. Les murailles & les tours de cette ville furent commencées à peu près dans le même temps que celles d'Avignon, c'est-à-dire, vers le milieu du quatorzième siècle.

On voit à Carpentras de belles halles occupées par des Marchands que le commerce y attire, sur-tout les jours de marché.

Un *aquéduc* de forme élégante y conduit de l'eau qui fournit à plusieurs fontaines.

Dans l'intérieur du *palais épiscopal* sont les restes d'un arc de triomphe. Ce monument précieux de l'antiquité a malheureusement été mutilé, avili par l'indifférence du Cardinal *Alexandre Bichi*, qui, étant Evêque de Carpentras, fit construire le palais épiscopal; il aima mieux ne rien changer au nouveau plan de construction que de conserver dignement &

laisser en évidence cet arc de triomphe qui sert aujourd'hui de passage aux cuisines.

Le plan de ce monument curieux est un carré long de vingt-cinq pieds, sur quatorze pieds trois pouces de largeur; sa construction est formée de gros quartiers de pierre du pays; à chaque angle s'élève une colonne cannelée & rudentée; ces colonnes, qui supportent un entablement en réseau, sont engagées dans l'œuvre d'environ la moitié de leur diamètre; elles sont posées sur des piédestaux dont il ne paroît, hors du pavé moderne, que la partie supérieure; le reste est enterré.

Les chapiteaux & l'entablement de ces colonnes ne subsistant plus, on ne peut guère juger de quel ordre étoit cet ouvrage. Au dessus de la voûte moderne, on ne voit plus que les impostes de l'arcade qui étoit du côté du midi, sous le berceau de l'ancienne voûte.

Des deux faces de l'édifice il ne subsiste que celle qui occupe la partie occidentale, & encore elle n'est pas tout entière. Entre les colonnes, cette face est décorée par un grand trophée en bas-relief, d'un goût assez grossier. Ce trophée est élevé sur le haut d'un arbre ébranché, & auquel sont attachés de gros faisceaux de dards & de javelots, avec des boucliers les uns exagones, les autres ovales, chargés de quelques légers ornemens, & accompagnés d'épées courtes, peu différentes de celles des Romains. Au milieu de ces divers attributs, on remarque une cotte d'arme courte qui ne descend que jusqu'aux genoux; cette cotte d'arme est liée par une ceinture à plaques au dessus du nœud de manteau, & ce manteau est retroussé de part & d'autre jusques sur les épaules; la figure de cette cotte d'arme se trouve encore deux fois sur le portail de ce monument; le faîte de l'arbre qui porte ce trophée est couvert d'une espèce de casque rond, ou d'un bonnet à rebords plats sur une longue chevelure.

Au bas de cet arbre sont deux captifs debout, représentés en bas-relief; on juge, par la situation de leurs bras, que leurs mains sont liées derrière le dos; ces captifs, placés tous deux en regard, sont couverts d'une saye ou manteau long qui descend du côté droit, beaucoup au dessous des genoux, & qui est noué sur leur épaule gauche.

L'attique de ce monument, sur lequel devoit être l'inscription, étant détruit, on ne peut savoir en quel temps, ni en l'honneur de qui il a été élevé; on a attribué cette construction à *Cn. Domitius Ænobarbus*, Proconsul, qui fonda ce monument en mémoire de la victoire qu'il remporta sur les Allobroges, dans les environs de Carpentras, à l'endroit où la Sorgue se jette dans le Rhône; mais cette conjecture n'est pas généralement adoptée.

Le *palais épiscopal* a été bâti, comme nous l'avons dit, vers le milieu du dernier siècle, par le Cardinal *Bichi*, pendant qu'il étoit Evêque de Carpentras; le portail est généralement admiré; la façade est majestueuse, & l'édifice, vaste, commode, est d'une architecture noble & simple; ce palais est attenant à la cathédrale, & y communique par un petit escalier.

L'église cathédrale est dédiée à *Saint-Pierre*

& à *Saint-Siffrein*; c'est un beau vaisseau, bien éclairé, & sur-tout d'une belle proportion. La première pierre en fut posée l'an 1405. L'anti-Pape Pierre de *Luna*, qui s'étoit réservé l'administration de l'évêché de Carpentras, fit faire cette cérémonie par l'Archevêque d'Arles; cette église ne fut achevée qu'en 1519; dans la suite les Evêques de Carpentras ont contribué à la perfectionner ou à la décorer. Le Cardinal *Sadolet* fit faire de nouvelles stalles pour le chœur, & donna les anciennes aux Dominicains. Le Cardinal *Bichi* fit achever le chœur, élever un autel à la romaine, & construire deux tribunes qu'il orna de tableaux & de dorures; il fit aussi creuser des caveaux pour y déposer les morts.

Tout autour du chœur sont des tableaux qui représentent les principaux traits de la vie de *Saint-Siffrein*; c'est l'Evêque *François-Marie Abbati* qui en fit présent à cette église; ce même Evêque a fait aussi construire la belle tribune qui est au fond du chœur, & qui est attenante au palais épiscopal.

Au fond du chœur est une magnifique Gloire dorée, & au dessous un tableau que l'Evêque Laurent *Buzii* fit venir de Rome; il fit aussi sculpter les deux Anges adorateurs qui sont aux deux côtés du maître-autel; ces deux Anges, ainsi que la Gloire, sont l'ouvrage de *Bernus*, célèbre Sculpteur de Mazan; les deux grands chandeliers d'argent dont cet autel est orné, ont été donnés par l'Evêque *Inguimbert*, dont nous allons parler.

Les fonts baptismaux, ornés de marbre, &

fermés par une belle baluſtrade de fer, ſont un monument de la bienfaiſance de l'Evêque *Horace Capponi*; on y voit ſon portrait ſur une grande plaque de cuivre.

Ce même Evêque fit conſtruire la chaire & décorer la façade de l'égliſe telle qu'on la voit aujourd'hui. Il fit ouvrir les deux portes des côtés, & les orna d'un très-beau marbre de Gênes, qu'il fit venir exprès. Chacune de ces deux portes eſt accompagnée de deux colonnes d'un fort beau marbre rouge jaſpé, qui ſupportent une corniche; la porte du milieu eſt également ornée de deux grandes colonnes de marbre gris qui ſoutiennent les armes de l'Evêque *Horace Capponi*.

La grande croix qui eſt au devant de la principale porte, fut élevée, par ordre du même Evêque, aux dépens des Juifs de Carpentras, pour les punir de ce qu'ils avoient tourné en dériſion la croix des Chrétiens.

Cette croix eſt portée ſur une grande colonne de marbre gris, ſemblable à celles de la principale porte. On voit contre le piédeſtal l'inſcription ſuivante, gravée ſur le cuivre:

Horatius Capponius, Epiſcopus Carpent. Florentinus, crucem hanc ſumptibus Hebræorum erexit, ut quam deriſerunt, magis conſpicuam & venerandam aſpicerent. III febr. 1603.

Reliques. Entre pluſieurs reliques conſervées dans cette égliſe, on diſtingue le *Saint-Clou*; c'eſt un morceau de fer qui a la forme d'un mords de bride de cheval; il est représenté soutenu par deux Anges de vermeil.

On sait que l'Empereur Constantin transforma en mords de bride un clou qui avoit servi au crucifiement de Jésus-Christ; l'on assure que le morceau de fer qu'on appelle *Clou* à Carpentras, est le même que celui qui servoit de mords au cheval de Constantin; si ce fait étoit un article de foi, ou bien qu'il fût suffisamment attesté par des Ecrivains désintéressés, on pourroit le croire; mais on n'a que des autorités bien suspectes, & on ne sait pas même comment, par qui, & en quel temps ce mords a été transporté de Constantinople à Carpentras; ce qui embarrasse davantage encore ceux qui soutiennent la sainteté de ce prétendu clou, c'est le grand nombre de clous qui sont pareillement honorés, vénérés, regardés comme des reliques précieuses, & comme de vrais clous qui ont servi à attacher *Jésus* sur la croix. Tout le monde convient que dans cette exécution on n'employa que trois, ou tout au plus quatre clous; & cependant, soit à Rome, à Milan, à Venise, à Spolette, à Sienne, à Naples, à l'Escurial, à Paris, &c. &c., il s'en trouve vingt-six (1).

---

(1) Ce mords de bride, qui est si précieusement conservé, & qui se trouve, on ne sait comment, à Carpentras, ne pourroit-il pas avoir été une figure emblématique? Dans plusieurs monumens, on trouve la Religion représentée avec un mords à la main; les Protestans lui ont conservé cet attribut pour montrer qu'elle réprime les passions & rend l'homme plus sage; ne se pourroit-il pas, dis-je, que ce mords de Carpentras ait appartenu autrefois à une figure de la Religion?

Proche le palais épiscopal est le *palais rectorial*, qui appartient au Pape; cet édifice vaste & bien bâti sert de logement au *Recteur*. La charge de *Recteur* répond à celle de Président de province; il est nommé par bref de Sa Sainteté, & reçoit l'hommage des Evêques qui ont des fiefs, & des autres feudataires du Pape. C'est lui qui préside aux arrentemens des revenus de la révérende chambre apostolique. Sa cour est appelée *la cour suprême du Comté Venaissin*. Il a une juridiction qui concourt en première instance, dans le civil & le criminel, avec les Juges ordinaires des trois judicatures; de plus, il a une juridiction à laquelle on peut appeler, tant des sentences rendues par les Juges des trois judicatures, & par les Juges baronaux, que de celles rendues par le Juge des premières appellations de la province.

La Bibliothèque publique est attenante au palais épiscopal; c'est de tous les monumens modernes de cette ville, celui qui est le plus intéressant; elle fut fondée par *Malachie d'Inguimbert*, Evêque de Carpentras, qui, par sa bienfaisance & ses établissemens utiles, a rendu sa mémoire chère aux habitans de cette ville.

Cette bibliothèque est composée d'un grand nombre de livres rares & choisis, d'une grande quantité de manuscrits, & d'une collection précieuse de médailles, de pierres gravées, d'estampes, & d'autres objets également curieux.

On voit, dans quelques pièces dépendantes du bâtiment de cette bibliothèque, de beaux tableaux ; on y remarque sur-tout une belle Tempête de *Vernet*.

Cette bibliothèque est gouvernée par six Administrateurs qui sont choisis par l'Evêque. Le fondateur a laissé un fonds de soixante mille livres pour l'honoraire du Bibliothécaire, pour l'acquisition de nouveaux livres, & pour faire présent toutes les années, à chacun des Administrateurs, d'une médaille d'or à l'effigie du Pape régnant.

L'*Hôtel-Dieu*, situé hors la ville, & proche de la porte appelée *de Notre-Dame*, a été, comme la bibliothèque, construit aux frais du bienfaisant *Inguimbert* ; l'architecture en est belle, & la distribution commode & salubre ; on admire sur-tout la façade, la grande cour d'entrée, la galerie qui vient après, la chapelle ornée de marbres, de dorures & de sculptures, & le grand escalier qu'on regarde comme un des plus curieux pour la construction. Les malades y furent transportés pour la première fois au mois de septembre 1761 ; le même Prélat a fait encore bâtir, hors la ville, la chapelle de Notre-Dame de Santé.

Malachie d'Inguimbert étoit noble par ses aïeux, mais il le fut bien davantage par ses vertus. Il naquit à Carpentras en 1683, & vint faire ses études à Paris. Après avoir été Dominicain, il fit des vœux dans la réforme de la Trappe ; il fut tiré de cette maison par le Cardinal Albani, & parvint ensuite à la cour de Rome : puis il fut nommé Archevêque de Théodosie, enfin Evêque de Carpentras. Ce
fut

fut là qu'il satisfit pleinement son goût pour la Littérature, pour les Beaux-Arts, & ses inclinations bienfaisantes, par des embellissemens, des fondations intéressantes & utiles, & par des actes vraiment dignes de l'épiscopat, & d'autant plus admirés, qu'ils sont plus rares; il mourut à Carpentras le 6 septembre 1757.

Il y a dans cette ville un grand nombre d'églises & de monastères dont nous ne parlerons pas.

L'Aquéduc de Carpentras, d'abord interrompu, puis continué sur un nouveau plan par M. *l'Alleman*, fut achevé en 1734 : il est composé de quarante-huit arches ; sa longueur, depuis le repos de Chantecoq jusqu'au bout des arches, est de trois cent soixante-quatorze toises, & depuis la dernière arche jusqu'au bout de la conduite des eaux, qui sont portées sur une muraille, on compte quatre-vingt quinze toises ; en tout, quatre cent soixante-neuf toises. Les canaux sont presque entièrement doublés de plomb ; cet ouvrage solide & élégant fait l'admiration des étrangers ; l'on est surpris que la ville de Carpentras ait pu dépenser six cent mille livres pour son exécution.

La Juiverie de Carpentras est un quartier mal-sain ; les Juifs y ont une synagogue. Après avoir été chassés du Comté Venaissin par le Pape Jean XXII, ils revinrent en 1367. L'Evêque *Jean*, surnommé *Flandrini*, leur permit alors de bâtir une synagogue, mais à condition qu'elle auroit seulement quatre toises

Partie I. P

de hauteur sur cinq de long & quatre de large. Au commencement de l'épiscopat de M. *Inguimbert*, les Juifs essayèrent de transgresser cette ordonnance ; ils firent reconstruire, à grands frais, un édifice plus vaste & plus magnifique ; mais la Congrégation du saint office leur fit abattre cette construction. Il paroît que dans ces terres papales, le préjugé religieux contre les Juifs subsiste encore dans toute sa force.

CAVAILLON.

Ville épiscopale, située au pied d'une montagne, sur la rive droite de la Durance, à cinq lieues de Carpentras, à huit d'Aix, & à quatre d'Avignon.

Cette ville, bâtie autrefois sur la cîme de la montagne, étoit une des principales cités des peuples appelés *Cavares*. On croit qu'avant les conquêtes de César, elle appartenoit aux Marseillois, & que les Romains la firent ensuite reconstruire au bas de la colline ; plusieurs restes d'antiquités qui se trouvent encore en cet endroit, appuient cette conjecture.

DESCRIPTION. On entre dans Cavaillon par quatre portes ; les rues en sont étroites, mal-propres, & remplies de fumier.

L'église cathédrale est fort ancienne ; on dit qu'elle a été construite par *Saint-Veran* : ce qu'il y a de certain, c'est qu'elle ne fut sacrée qu'en 1251, par le Pape Innocent IV, à son retour du Concile de Lyon.

L'architecture est d'un beau gothique ; on admire sur-tout le chœur, au dessus duquel s'élève un clocher d'une masse extraordinaire, & qui n'est soutenu que par quatre piliers; autour de la cornière règne une bande d'hiéroglyphes d'une grande ancienneté; ce morceau a peut-être appartenu à quelque édifice antique.

On conserve dans cette église plusieurs corps saints, parmi lesquels est celui de Saint-Veran, Evêque de cette ville, qui vivoit dans le cinquième siècle.

Dans la cour de l'évêché, à l'entrée des caves, on voit les restes d'un arc de triomphe que l'on présume avoir été bâti du temps d'Auguste.

On a trouvé, dans le haut de la montagne, plusieurs antiquités, comme médailles, inscriptions, vases, statues, &c. En 1600, on découvrit dans un jardin une statue qui représentoit la Déesse *Cérès*, debout sur un bœuf couché, tenant d'une main un bouquet de fleurs, de l'autre, une corne d'abondance; son habit étoit couvert de pampres, sa tête couronnée de fleurs, de fruits & d'épis de blé; sur le piédestal on lisoit, ALMA CERES.

Il y a plusieurs monastères dans cette ville; on y trouve aussi trois confréries de Pénitens, les *blancs*, les *noirs* & les *gris*.

HOMMES *illustres*. *César de Bus*, Instituteur des Pères de la Doctrine chrétienne, naquit à Cavaillon le 3 février 1544; il fit dans cette ville plusieurs fondations ou restaurations pieuses; il réforma les *Bénédictines*, qui, de son temps, menoient une vie scandaleuse, & ne gardoient plus de clôture; il donna des lois aux Pénitens noirs, fit construire une petite chambre à côté de la chapelle de *Saint-Jacques & Saint-Philippe*, où il passoit les nuits en oraison. Ce saint homme avoit des visions, &, à ce qu'on dit, opéroit des miracles; il a été béatifié, mais il n'a pas encore été canonisé, parce qu'il faut beaucoup d'argent pour cela.

ÉVÉNEMENS. Au mois de septembre 1562, les troupes du Prince de Condé entrèrent dans Cavaillon; l'église cathédrale fut brûlée: un Historien catholique, *Louis de Perrussis*, raconte qu'en cette occasion les soldats mettoient leurs chevaux dans les églises, & y faisoient leurs ordures.

Le même Auteur, à propos de plusieurs présages menaçans contre les Protestans, assure qu'en 1572 « les a⸱ ⸱ du Pape Pie V, qui » étoient attachées dans la commune maison de » Cavaillon, où l'*Abbé de la Jeunesse* (1) fai- » soit faire le bal le premier mai, tombèrent » à terre toutes seules ».

―――――――――――

(2) Il paroît, par ce passage, qu'il existoit dans Cavaillon comme dans plusieurs autres lieux, une association présidée par un *Abbé de la Jeunesse*. On connoissoit autrefois à Rome la qualité de *Prince de la Jeunesse*. Au quinzième, même au seizième siècle, on célébroit, dans plusieurs villes de France, différentes cérémonies dont le chef étoit nommé *Abbé des foux*, *Abbé des cornards*, *Abbé de la malgouverne* ou *Abbé du Clergé*; ces fêtes, toujours consacrées au plaisir, offroient un mélange monstrueux de folie & de religion.

PRINCIPAUTÉ D'ORANGE.

ORANGE (1).

VILLE ancienne & célèbre, capitale de la principauté de son nom, unie à la province du Dauphiné, avec un Evêché suffragant d'Arles, située au pied d'une colline, à l'extrémité d'une belle plaine, sur la petite rivière de *Meyne*, qui baigne ses murailles, à une lieue de la rive gauche du Rhône, & à quatre lieues d'Avignon.

ORIGINE. On ne connoît pas mieux l'origine de la ville d'Orange que l'étymologie de son nom ; il est prouvé que *Jules-César*, devenu Dictateur, envoya une Colonie dans la ville d'Orange. On assure que cette Colonie fut composée de soldats de la seconde légion ; & c'est pour cette cause, dit-on, qu'elle fut appelée Colonie des Secondains, *Arausio*, *Colonia Secundanorum*.

Les Romains ne négligèrent rien pour illustrer & embellir cette ville ; ils y bâtirent des

---

(1) Quoique la Principauté d'Orange soit dépendante de la province du Dauphiné, nous l'avons placée ici, parce que ce petit pays se trouve enclavé entre la Provence & le Comté Venaissin, & que nous préférons, pour la commodité des Voyageurs, décrire les lieux suivant l'ordre de leur situation, que suivant l'ordre politique.

arênes, un cirque, des bains, des temples, & quantité d'autres édifices dont on voit encore plusieurs vestiges. L'étendue de cette ville étoit alors bien plus considérable ; ses murailles renfermoient toute la montagne du château, jusqu'au quartier appelé *de la Draperie*, & s'avançoient ensuite dans la plaine qu'elles contournoient pour aller rejoindre le quartier de la draperie, près du *Lavacrum*. A en juger par ce qu'il en reste, le circuit des anciennes murailles avoit environ deux mille cinq cents toises.

Orange fut ruiné plusieurs fois par les barbares, qui ont, à différentes époques, fait des irruptions dans cette partie de la Gaule. *Guillaume au cornet* ou *au court nez*, premier prince d'Orange, préserva cette ville de son entière destruction, en chassant un des Chefs des Sarrasins qui s'en étoit emparé. *Charlemagne*, pour récompenser sa valeur, lui confia, en 793, le Gouvernement d'Orange. La Princesse *Tiburge*, de la première race des Princes d'Orange, en fit rebâtir les murailles, & construire trois grands faubourgs ; mais les guerres des quatorzième & seizième siècles nuisirent à ces rétablissemens. Cette ville soutint plusieurs siéges du temps des guerres de la religion ; elle fut prise par les Calvinistes en 1561 ; le 6 mai 1562, les Catholiques la reprirent, & en furent chassés au mois de septembre suivant ; quelque temps après, ils la reprirent une seconde fois, & en furent encore chassés par les Calvinistes, qui, ayant éprouvé plusieurs cruautés de la part des Catholiques, usèrent de représailles en cette dernière occasion.

Après les troubles, les Princes d'Orange de la maison de *Nassau*, y établirent un Parlement qui avoit pleine juridiction sur les habitans de la ville, de son territoire, & de tous les lieux de cette principauté; ils y établirent aussi une espèce de cour des Aides, une chambre des Comptes, & une cour des monnoies; il s'y battoit monnoie au coin du Prince, & cette monnoie avoit cours dans toute la France. *Maurice de Nassau*, Prince d'Orange, en 1621, s'occupa à fortifier cette ville; mais en 1660, Louis XIV fit démolir ces fortifications; & le château, autrefois habité par les Princes d'Orange, que Maurice de Nassau avoit fait réparer & fortifier, fut rasé en 1673. Orange est aujourd'hui une ville ouverte, entourée d'une simple muraille.

Description. Cette ville, ornée de belles places & de fontaines, renferme plusieurs objets intéressans. On ne connoît des anciennes *Arènes* d'Orange, que l'emplacement qui en porte encore le nom.

Le Cirque existe encore dans de superbes restes; il est situé à une extrémité de la ville, & au pied de la colline sur laquelle étoit le fameux château que *Maurice de Nassau* fit fortifier; ce monument servoit aux jeux, aux combats, & autres exercices. On y voit encore une grande muraille qui fermoit le demi-rond de l'amphithéâtre; elle est composée d'énormes assises de pierres grises, & sans mortier; sa hauteur est de cent huit pieds, sa longueur de trois cents; & à l'endroit le plus élevé son épaisseur est de douze pieds.

Le bas de cette muraille est soutenu par des arcs qui forment des portes, parmi lesquelles celle du milieu est la plus grande; au dessus de la corniche on découvre encore ces trois lettres en gros caractères c. i. s., qu'on explique ainsi, *Colonia Julia Secundanorum*; le reste est entièrement effacé.

Sur la face septentrionale de cette muraille, on voit de grandes pierres carrées en saillie, distantes les unes des autres d'environ six pieds, & percées d'un grand trou au milieu; il y en a trois rangs; mais celui qui est directement au dessus des portes, est presque tout brisé, les autres sont encore entiers; dans les ouvertures de ces pierres on plaçoit des piquets qui soutenoient les tentes de fin lin, d'écarlate, ou de quelques autres étoffes précieuses, destinées à mettre les spectateurs à couvert du soleil.

A la façade méridionale de cette muraille, est une corniche de marbre blanc, au dessus de laquelle on voit dix-neuf niches, destinées, sans doute, aux statues d'autant de Divinités: au dessus de ces niches, &, au milieu de la façade, est le *podium* dans lequel se plaçoit l'Empereur ou le Préteur, lorsqu'il assistoit aux spectacles; il paroît, par des restes, qu'au devant de cette chaise ou chaire, étoit une galerie de marbre blanc & noir qui régnoit le long de la muraille.

Les deux grands corps de logis qu'on voit

encore aux deux extrémités de cette muraille, étoient destinés à loger les Magistrats, de même que les personnes chargées de la direction du cirque, les gladiateurs & les bêtes féroces qui devoient combattre.

La place qui est devant la façade septentrionale étoit destinée à des courses, à des combats à cheval ou sur des chars.

L'Aquéduc, ouvrage des Romains, commençoit à environ cinq lieues d'Orange, dans le terroir de Malaucène, au pied d'une montagne, d'où sort une fontaine appelée *Groseau*. On voit encore en plusieurs endroits, depuis Malaucène jusqu'à Vaison, depuis cette ville jusqu'à Orange, des ruines considérables de cet aqueduc; on a trouvé même des tuyaux de plomb, de briques & de ciment, qui formoient la conduite des eaux. Au terroir d'Orange on découvre cet aquéduc le long d'un vignoble; il continue, avec quelques interruptions, jusqu'au grand chemin du quartier Saint-Florent; il s'arrête ensuite à un angle auprès de la tour de *Gabel*, que la tradition dit avoir été les *anciens bains*; il se prolonge, par une muraille bâtie en droite ligne, de quinze cents pas de longueur, de douze pieds de hauteur, & de cinq d'épaisseur, jusqu'à la tour de l'arc de triomphe; en cet endroit, il se perd dans la ville, auprès de la rue appelée autrefois l'*Hôpital*; il alloit ensuite à la montagne du château, où l'on en voit encore des vestiges.

A Orange on trouve des ruines de plusieurs autres monumens antiques, comme les *bains*, le *capitole*, le *champ de Mars*, &c.; mais le plus curieux, le plus entier de ces monumens, c'est l'arc de triomphe.

L'Arc de triomphe, situé au nord de la ville d'Orange, formoit, dans son entier, une tour de soixante-dix pieds d'élévation; il offre trois portiques, dont celui du milieu est le plus élevé; il a quatre faces, dont chacune a deux tables chargées de bas-reliefs.

La face méridionale est ornée de colonnes corinthiennes avec leur entablement. Au dessus du petit arc qui est du côté droit, on voit, parmi des groupes d'armes, la figure de deux sangliers, symbole de l'alliance que contractoient les Romains avec d'autres Nations. Cette face est partagée par deux tables; sur celle qui est à droite, & sur le bouclier le plus haut, on lit ce mot : MARIO, & sur l'autre DACUDO; un peu plus bas, on lit sur un autre bouclier : IUM. CURIO; les lettres IUM étoient précédées par d'autres qui sont effacées; sur un autre bouclier plus bas, & plus à droite, on lit ce mot UDILLUS; la première lettre de ce mot est rongée. Dans le bas du même bouclier, on découvrit, en 1740, une espèce de cartouche, où il y a une main qui marque un renvoi, & où sont renfermés ces mots : A VOTO. Sur un bouclier qui est sur la gauche, on lit en gros caractères : SACRO; ce qui semble se rapporter au bouclier précédent : A VOTO... SACRO; *altare* ou *ara*, *voto dicatum* ou *dicata sacro*.

Dans la frise, au dessus du petit arc, on voit des gladiateurs.

Sur le tympan qui couronne le grand arc, & à sa naissance, du côté du levant & du couchant, sont des pièces de navire, des mâts séparés, des cordages, des ancres; & parmi plusieurs autres attributs de la marine, on remarque le trident de Neptune, vrai symbole de la grandeur des Romains. Au dessus de ces pièces, du côté du levant, est encore le buste d'une femme qui semble sortir d'une fenêtre; on croit que c'est la figure de Marthe la Pythonisse; au dessus du grand arc du milieu, est une mêlée d'hommes & de chevaux, qui représente les sanglantes batailles livrées aux barbares : ce morceau est remarquable par la beauté de la pierre & la perfection de la sculpture; la figure qui paroît à une fenêtre entre la bataille & la Pythonisse dont nous venons de parler, & qui représente un Cavalier armé à la romaine, est *Marius*, suivant le sentiment de quelques Antiquaires.

La façade septentrionale est beaucoup mieux conservée, & la plus entière de l'arc de triomphe (1); elle est décoré du même ordre que la précédente : sur les deux petits arcs, on voit les différentes armes des Romains; au dessus du petit arc qui est à gauche, est une

---

(1) On a remarqué, dans un grand nombre de monumens anciens, que les parties exposées au midi étoient bien plus altérées que celles exposées au nord; la raison en est simple, c'est que le soleil, comme le plus puissant des agens destructeurs de l'air, frappe plus constamment & avec plus de force, les parties exposées au midi.

table au milieu de laquelle est un bouclier, où l'on voit ce mot en lettres unciales : CATULUS ; plus bas, sont encore ces trois lettres S. R. E., qui signifient *Senatûs Romani expresso* ou *Senatus Romanus erexit* ; dans un autre bouclier, presque au coin de l'édifice, du côté du couchant, on lit : ODYACUS.

Au dessus de la corniche, de chaque côté, on voit plusieurs trophées de marine, & le trident de Neptune. Plus haut, en trois endroits, vis-à-vis du petit arc, du côté du levant, sont représentées, en bas-relief, les marques de la religion romaine ; on doit y remarquer l'aspergille qu'on tenoit à la porte du temple, dont les payens se servoient, comme les chrétiens de l'aspersoir, pour jeter de l'eau lustrale sur le peuple & sur les victimes.

A côté de ces instrumens religieux, est représentée une grande fenêtre où paroît la figure d'un homme à cheval, armé à l'antique ; quelques-uns pensent que c'est celle de *Catulus*, collègue de *Marius* ; à côté de cette figure, & au dessus du tympan du grand arc, est un bas relief qui offre un violent combat.

Sur la façade orientale sont représentés des captifs que les Romains avoient coutume de mener en triomphe, les mains liées derrière le dos ; ils sont placés deux à deux, à égale distance des colonnes ; on y voit des trophées d'armes, composés des dépouilles des peuples vaincus, au dessus desquels est la figure d'un pourceau ; le tout est surmonté par l'étendart des Romains, appelé *Labarum*, qui, dans les expéditions militaires, étoit porté par cinq

Chevaliers, lorsque le Général d'armée marchoit en bataille; cet étendart étoit de pourpre, enrichi d'une frange d'or & de pierres précieuses. Dans la frise on voit des Gladiateurs combattant un à un; au dessus est le buste d'une Divinité, entouré de rayons & d'étoiles; quelques Ecrivains pensent que c'est le simulacre du soleil que les Romains honoroient d'un culte particulier.

Sur la face occidentale sont représentés des captifs & des trophées d'armes, semblables à ceux de la face orientale. Il manque sur l'angle de cette façade, du côté gauche, la figure d'un captif; il s'écroula une grande pierre en cet endroit, sur laquelle étoit gravé en gros caractères ce mot TUTOBOCHUS; ce qui autorise à croire que la figure qui manque étoit celle de ce Roi des Teutons (1).

Cet arc de triomphe fut trouvé si magnifique par un Prince d'Orange de la maison de Baux, qu'il le fit revêtir de fortes murailles de douze pieds de hauteur, & entourer de fossés; il y fit construire des salles, & le distribua comme un palais où plusieurs de ses successeurs firent leur résidence ordinaire; mais les bâtimens supérieures menaçant ruine, & faisant appréhender la destruction entière de l'édifice; M. le Prince de Conti, propriétaire de la Principauté d'Orange, ordonna, en

_____

(1) Ce monument précieux a souvent exercé le pinceau ou le burin des Artistes. M. *Robert*, si justement célèbre pour le genre de l'architecture, a peint cet arc de triomphe dans un tableau exposé au Salon en 1787.

1721, aux habitans de faire toutes les réparations nécessaires pour empêcher que ce bâtiment n'ensevelît sous ses décombres l'arc de triomphe; alors on démolit la maison bâtie sur l'arc, ainsi que les talus qui la soutenoient; on applanit le terrain, on fit ouvrir les arcs qui étoient bouchés, abattre les murailles dont on l'avoit revêtu, combler les fossés, & rebâtir l'angle de la façade occidentale, qui s'étoit écroulé; les colonnes modernes qui sont en cet endroit accollées à celles des Romains, font, avec ces dernieres, un contraste qui n'est pas avantageux pour l'Architecte François.

On a beaucoup écrit sur la cause & l'époque de l'érection de ce monument. Le plus grand nombre des autorités établit qu'il fut érigé en l'honneur de *C. Marius*, & de *Lutatius Catulus*, son collègue, après qu'ils eurent vaincu les Ambrons, les Cimbres, & les Teutons.

Sur la montagne qui domine Orange, & où sont aujourd'hui les ruines de l'ancien château, on jouit d'une vue admirable; on découvre la campagne d'Orange, les plaines du Comté Venaissin, les côtes du Languedoc, & les montagnes du Dauphiné; au couchant est le Rhône. « Au midi, se perdent dans les airs les innombrables flèches des clochers d'Avignon. Tout autour de vous sont semés les plus riches points de vue, le Pont-Saint-Esprit, & sa ville au bout; le Mont-Ventou, & son chauve sommet; les murs élégans & circulairement crenelés des villes Venasques. L'œil est ravi, l'ame est enchantée, & les Voyageurs oublieroient l'univers, si, dans le plus doux des climats, ils pouvoient trouver les plus doux des hommes».

PRINCIPAUTÉ d'Orange. *La Principauté d'Orange* fut long-temps dans la maison *de Baux*. En 1390, elle passa dans celle de *Châlon*. Vers le milieu du seizième siècle, la maison de *Nassau* succéda à celle de *Châlon*, dans cette Principauté. *Guillaume Henri de Nassau*, Prince d'Orange, & Stathouder des Provinces-Unies, proclamé Roi d'Angleterre en 1689, mourut, en 1702, sans postérité. Louis XIV se saisit alors de la Principauté d'Orange, & la réunit à la couronne, comme mouvante en fief & hommage-lige, du Comté de Provence déjà réuni. Cependant *Guillaume-Henri de Nassau* avoit institué, pour héritier de la Principauté d'Orange, *Jean-Guillaume Frison*, Prince de *Nassau Dietz*, qui prit le titre de *Prince d'Orange*, aussi bien que *Frédéric I*^{er}, Roi de Prusse, qui étoit le plus proche héritier, du chef de sa mère. Ce dernier Prince céda au Roi, par le dixième article du traité d'Utrecht, ses prétentions sur la Principauté d'Orange, s'en réservant le titre, & se chargeant de donner un dédommagement au Prince *de Nassau-Dietz*. Par le traité de Berlin du 13 mai 1732, entre le Roi de Prusse & la maison de Nassau, il est dit, article 4, que le Roi de Prusse promet d'employer ses bons offices auprès du Roi de France, pour qu'il permette au Prince de Nassau de retenir le titre & les armes de la Principauté d'Orange, & d'en donner le nom à un de ses domaines; c'est ce qui autorise les Nassau à prendre encore le titre de Princes d'Orange.

Au mois de décembre 1714, le Roi donna cette Principauté à Louis Armand de Bourbon, *Prince de Conti*, pour la posséder, ainsi que Guillaume de Nassau, Roi d'Angleterre, sous la réserve de la souveraineté, de l'hommage, & du ressort. Ce Prince en jouit jusqu'à sa mort arrivée en 1727. Quatre ans après, en conséquence d'un traité signé le 23 avril 1731, par les Commissaires du Roi d'une part, & de l'autre, par la Princesse de Conti, Douairière, & par le tuteur honoraire du Prince de Conti, alors mineur; l'Intendant de la province du Dauphiné eut ordre d'aller à Orange, la même année, pour y prendre possession, au nom de Sa Majesté, de la ville & de la principauté, qui furent alors réunies à la province du Dauphiné, & qui depuis ont cessé de former un Etat particulier.

Fin de la première Partie.

SUPPLÉMENT

AU PREMIER VOLUME.

La Provence a été divisée en trois départemens, le *département des Bouches du Rhône*, celui *du Var*, & celui *des Basses-Alpes*.

Le département *des Bouches du Rhône* comprend la Provence occidentale, & doit son nom à l'embouchure du Rhône dans la Méditerranée. L'assemblée de ce département se tient dans la ville d'*Aix*; il est divisé en *six districts*, dont les chefs-lieux sont: *Aix, Arles, Marseille, Tarascon, Apt,* & *Salon*. L'assemblée & le directoire de *Tarascon* alterneront à *Saint-Remi*. L'assemblée & le directoire de *Salon* alterneront à *Martigues*.

Le département *du Var* comprend la Provence occidentale, & doit son nom à la riviere *du Var*, qui sépare la France du comté de Nice, & se jette dans la Méditerranée. *Toulon* est le chef-lieu de ce département, qui est divisé en *neuf districts*, dont les chefs-lieux sont: *Toulon, Grasse, Hierres, Draguignan*

Brignoles, Saint-Maximin, Fréjus, Saint-Paul-lès-Vence, & Barjols.

Le département des *Basses-Alpes* comprend la *Haute-Provence*, & doit son nom au voisinage des *Alpes*, qui séparent en cet endroit la France du Piémont. *Digne* est le chef-lieu de ce département, qui est divisé en *cinq districts*, dont les chefs-lieux sont : *Digne, Forcalquier, Sistéron, Castelane, & Barcelonnette.*

La *principauté d'Orange* forme provisoirement un district sous l'administration du *département de la Drome.*

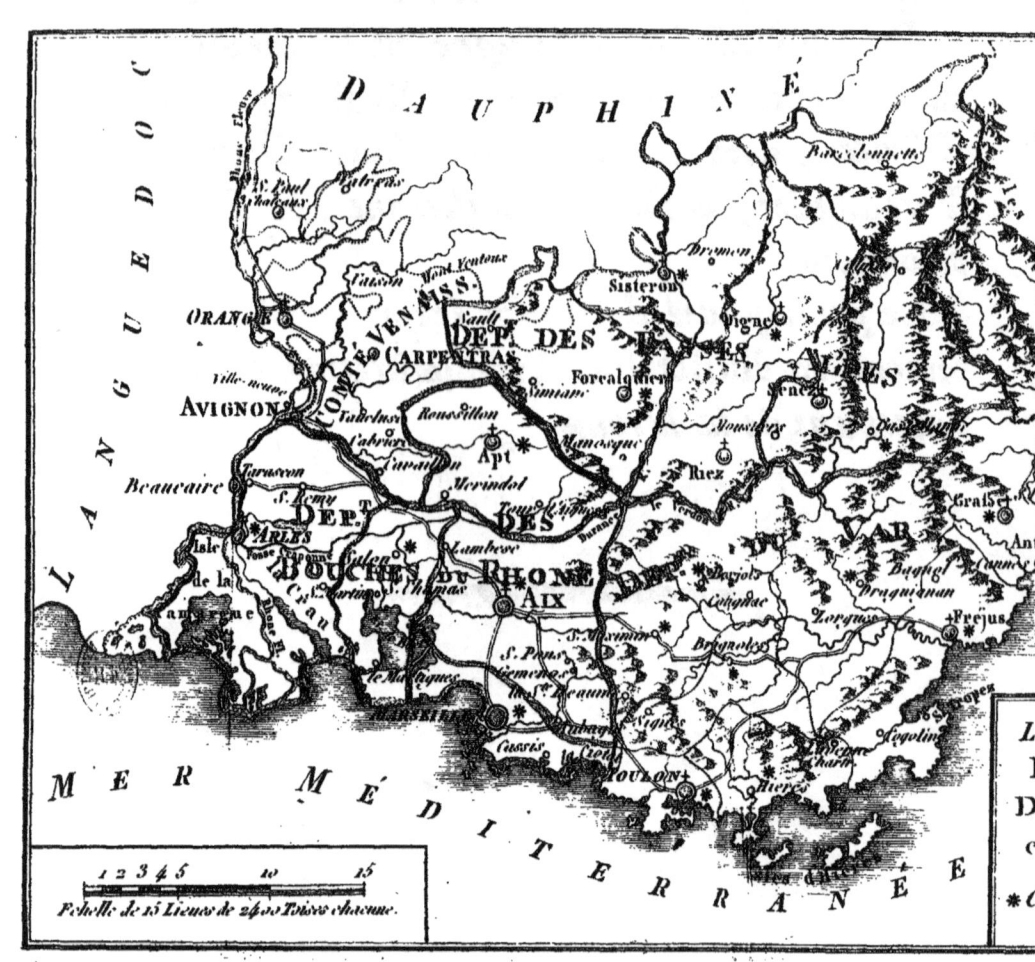

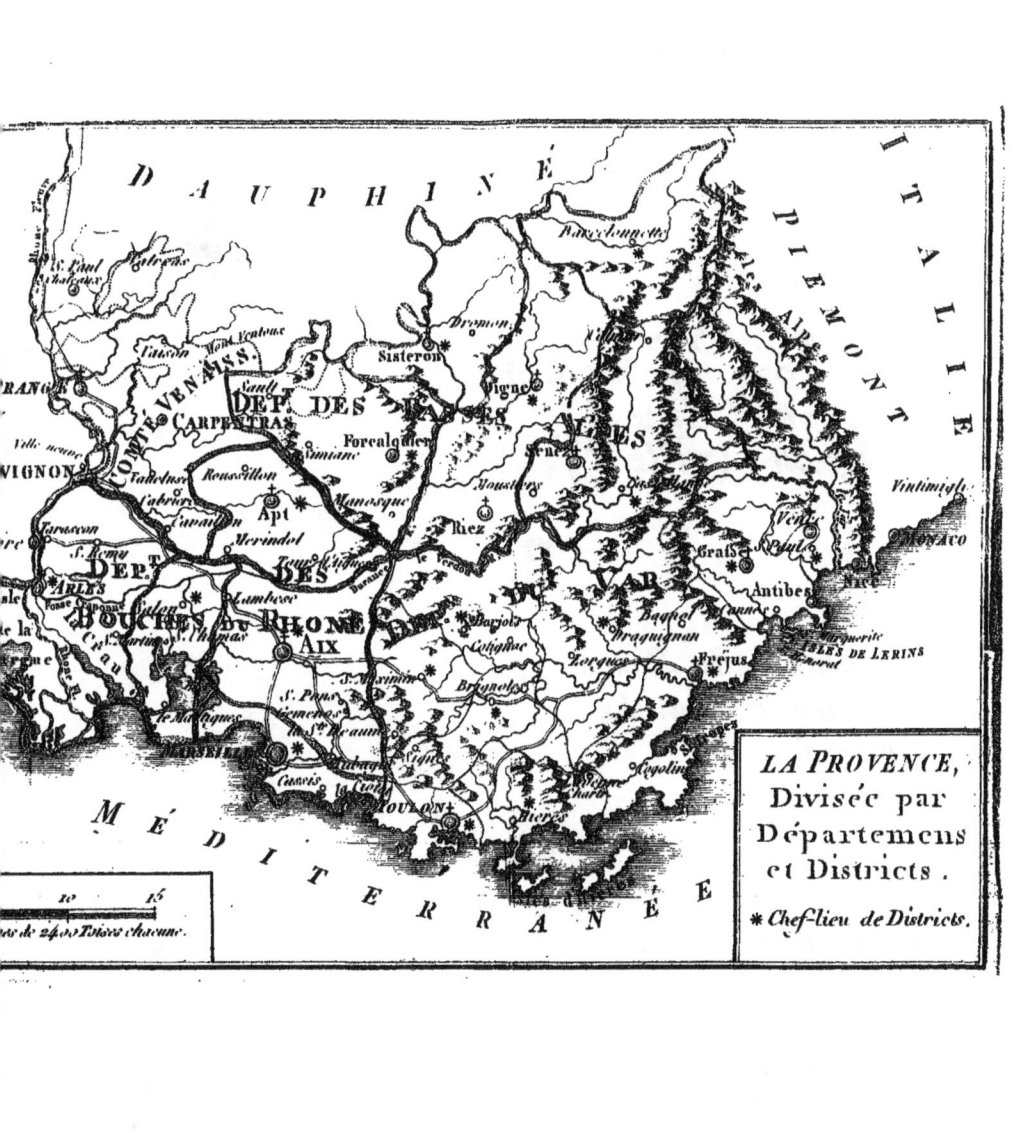

TABLE
De la première Partie.

A.

Aix,	page 54
Antibes,	188
Apt, pag. 150. Ses environs,	153
Arles, pag. 21. Ses environs,	40
Avignon, (Etat d'),	192
Avignon, (ville d'),	174

B.

Beaume, (la Sainte)	113
Beaume-Rolland,	95
Brignolles,	126

C.

Camargue, (la),	45
Carpentras,	216
Cassis,	97
Cavaillon,	226
Chamas, (Saint)	20
Ciotat, (la),	92
Colmars,	163
Comté Vénaissin,	192

Part. I.

Cotignac,	page 127
Crau, (la)	41

D.

Digne,	161
Dromon,	159

E.

Etat d'Avignon,	192

F.

Fontaine de Vaucluse,	210
Forcalquier,	142
Fréjus,	165

G.

Gemenos & Saint-Pons,	120
Graces, (Notre-Dame des)	127
Grasse,	173

H.

Hières, pag. 122. Ses environs,	124

I.

Iles de Lerins,	175
Ile Saint-Honorat,	175
Ile de Sainte-Marguerite,	182

L.

Laverne, (Chartreuse de)	125
Lerins, (Iles de)	175

TABLE

M.

Manosque,	page 144
Marseille, p. 72. Ses environs,	99
Maximin, (Saint)	118
Moustier,	140

O.

Orange, (principauté & ville d')	229

P.

Plan du Bourg, (le)	45
Pons, (Saint) & Gemenos,	120
Provence, (le Tableau général de la)	1

R.

Remi, (Saint)	18
Riez,	131
Roussillon,	153

S.

Saint-Chamas,	26
Saint-Remi,	18
Salon,	47
Simiane,	146
Sisteron,	156

T.

Tarascon,	15
Toulon, pag. 101. Ses environs,	112
Tour d'Aigues,	147
Tropez, (Saint)	171

V.

Vaison, page 214
Valréas, ibid.
Vaucluse, (fontaine de) 210

Fin de la Table de la première Partie.

ERRATA de la première Partie.

PAG. 8, ligne 10, *bailliiages*, lisez *bailliages*.
P. idem, lig. 12, après le mot *Viguerie*, ajoutez : Il faut cependant en excepter quelques parties du Languedoc & le Roussillon.
P. 10, lig. 2, *peut aller*, lis. *peuvent*.
P. 19, lig. 22, *on y a trouvé*, lis. *on a trouvé*.
P. 22, la première ligne de la Note, ôtez la lettre qui suit le mot *général*.
P. 39, lig. 18, *la plupart*, lis. *la plus grande partie*.
P. 53, lig. 26, *apprut comme lui avoit promis*, lis. *apparut comme il lui avoit &c.*
P. 56, lig. 5 de la Note, *sa voulu*, lis. *a voulu*. Lig. 6, *ans*, lis. *sans*.
P. 60, lig. 31, après *tête*, mettez une virgule.
P. 132, lig. 4, *frisés*, lis. *frises*.
P. 138, lig. pénultième, *touroboles*, lis. *tauroboles*.
P. 139, lig. 17, *avouées*, lis. *avoués*.
P. 142, lig. 5, *raies*, lis. *rais*.
P. 149, lig. 11, après *a passé*, ajoutez *à*.
P. 192. Il faut changer tous les numéros des seize pages suivantes, & au lieu du nombre 173, qui a été mis par erreur, il faut substituer 193, & ainsi de suite, jusqu'à la page 209, où l'ordre interverti se trouve rétabli.

www.ingramcontent.com/pod-product-compliance
Lightning Source LLC
Chambersburg PA
CBHW070535160426
43199CB00014B/2260